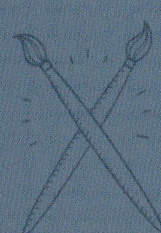

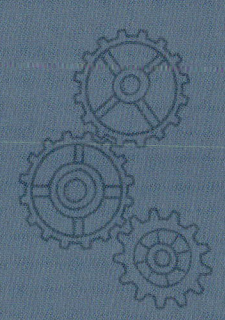

초등학생을 위한 지식습관 ⑯

레오나르도 다 빈치 30
LEONARDO DA VINCI

글 폴 해리슨
10년 이상 작가로 활동해 왔으며, 다수의 어린이책을 출간했다. 영국 웨스트서섹스에서 아내와 두 아이들과 함께 살고 있다.

그림 톰 울리
브래드퍼드 대학교에서 전자영상시스템 및 미디어커뮤니케이션을 공부했으며, 국립 미디어 박물관에서 디자이너 겸 큐레이터로 일했다. 지금은 프리랜서 일러스트레이터로 일하며 버밍엄에 살고 있다. 우리나라에 소개된 책으로는 『지식습관 2 우주』, 『우주가 좋다면 이런 직업』 등이 있다.

옮김 김은영
서울대학교 자연과학부에서 지구시스템과학을 전공하고 동대학원에서 고생물학을 공부했다. 지금은 과학을 쉽고 재미있게 전달하기 위해 책을 쓰고 번역하고 있다. 쓴 책으로는 『미션키트맨 2』가 있고, 『과학 없는 과학』, 『세상을 바꾼 수학』, 『지식이 번쩍! Creativity Book_깜짝 발명』, 『진짜 진짜 재밌는 과학 그림책』, 『뱅! 어느 날 점 하나가』, 『지식습관 14 고대 로마』 등을 번역했다.

감수 조한욱
서강대학교 대학원 사학과를 졸업하고 미국 텍사스 주립대학교 사학과에서 박사 학위를 받았다. 『역사와 문화』 책임편집자, 문학사학회 회장을 역임하고, 현재 한국교원대학교 역사교육과 명예교수이다. 쓴 책으로는 『문화로 보면 역사가 달라진다』, 『서양 지성과의 만남』, 『내 곁의 세계사』, 『소소한 세계사』 등이 있으며, 옮긴 책으로는 『바이마르 문화』, 『고양이 대학살』, 『문화로 본 새로운 역사』 등이 있다. 『차이나는 클라스』, 『벌거벗은 세계사』, 『내일을 여는 인문학』 등의 TV 프로그램에 출연하여 역사학 대중화를 위해 노력하고 있다.

초등학생을 위한 지식습관 ⑯

레오나르도 다 빈치 30

LEONARDO
DA VINCI

글 폴 해리슨 | 그림 톰 울리 | 옮김 김은영 | 감수 조한욱

차례

천재, 레오나르도 다 빈치 6

레오나르도의 일생 8
1. 어린 시절 12
2. 서로 싸우는 도시 국가 14
3. 창의적인 사람 16
4. 레오나르도의 노트 18
5. 완성하지 못한 작품들 20

예술가 22
6. 유화 26
7. 원근법, 빛, 색 28
8. 모나리자 30
9. 상징과 비밀 32
10. 말 조각상 34
11. 레오나르도와 미켈란젤로 36

발명가 38
12. 무기 42
13. 놀라운 수레 44
14. 하늘을 나는 기계 46
15. 오토마타 48
16. 악기 발명 50

해부학자 52
- 17 완벽한 비율 56
- 18 얼굴 그리기 58
- 19 정확한 해부도 60
- 20 눈이 작동하는 법 62

과학자와 수학자 64
- 21 우주론 68
- 22 빛의 명암 70
- 23 지질 연구 72
- 24 식물의 형태 74
- 25 기하학 패턴 76

시대를 앞선 생각들 78
- 26 도시와 건물 82
- 27 다리 세우기 84
- 28 물속 세상 86
- 29 지도 제작 88
- 30 레오나르도의 유산 90

지식 플러스
레오나르도 다 빈치가 남긴 노트 92
레오나르도 다 빈치의 발명품 94

천재, 레오나르도 다 빈치

레오나르도 다 빈치(1452~1519)는 정말 놀라울 정도로 다양한 분야에서 재능을 발휘했습니다. 세계에서 가장 유명한 그림 중 하나인 〈모나리자〉를 그렸고, 하늘을 나는 기계를 발명했으며, 도시를 계획했고, 건물을 설계했고, 지도를 만들었으며, 악기를 제작했고, 지질학을 공부했으며, 해부학 전문가였습니다.

레오나르도는 특별한 시대에 살았던 비범한 인물이었습니다. 그 당시는 '재탄생'이라는 뜻의 '르네상스' 시대였습니다. 이 시대 사람들은 고대 그리스와 로마의 가르침을 재발견하고 예술, 철학, 과학을 비롯한 여러 분야에서 놀라운 발전을 이루었습니다. 이탈리아에서 시작된 르네상스는 구텐베르크의 인쇄기와 같은 뛰어난 발명을 통해 유럽 전체로 퍼져 나갔습니다.

그 무렵, 이탈리아는 통일된 나라가 아니었고 부를 쌓은 여러 가문들이 힘과 영향력을 과시하며 서로 싸웠던 어려운 시기였습니다. 그렇지만 예술은 매우 발전했고, 레오나르도와 같은 예술가들은 부유한 가문의 보호와 도움을 받았습니다.

안타깝게도 레오나르도가 작업한 것들 중 지금까지 남아 있는 것이 별로 없습니다. 하지만 우리는 레오나르도가 무얼 생각하고 상상했는지 알고 있습니다. 자신의 노트에 모든 것을 기록해 놓았기 때문이지요. 그의 노트는 놀라운 기계나 발명품의 설계도와 설명서, 명화의 밑그림과 아이디어로 가득 차 있었습니다.

이 책에서는 레오나르도 다 빈치의 아이디어와 작업물을 탐색할 것입니다. 레오나로도의 창의적인 생각을 여러 방향으로 살펴보면서, 그가 생각하고 실험하고 만들어 낸 것들에 대해 알아보려 합니다.

자, 이제 역사상 가장 뛰어난 천재 중 한 사람으로 남은 레오나르도와 함께 새로운 발견이 가득한 여행을 떠나 봅시다.

레오나르도의 일생

레오나르도 다 빈치가 살던 르네상스 시대는 예술과 과학 지식이 폭발하듯 터져 나오던 시기입니다. 레오나르도는 미천한 신분이었지만, 모든 시대의 예술가 중에서 가장 유명한 사람이 되었습니다. 한 화가의 도제가 되어 일을 시작할 무렵부터 이탈리아에서 가장 유명한 가문에 고용되어 일할 때까지를 살펴보면 레오나르도가 어떻게 역사에 이름을 남겼는지 알 수 있습니다.

레오나르도의 일생
읽기 전에 알아두기

공증인 대학에서 법학을 공부한 후 사업 계약, 혼인신고, 유언장 작성을 담당하던 사람.

구텐베르크의 인쇄기 1450년경 발명된 인쇄기. 움직일 수 있는 금속으로 활자를 만들어 썼다. 출판 과정에 혁명을 일으켰다.

기량 연습과 학습의 결과로 만들어진 기술상의 재주.

길드 중세 유럽의 도시에서 같은 일을 하는 사람들끼리 가입한 조직.

깃펜 펜의 한 종류로, 새의 깃털 끝을 뾰족하게 잘라내 만들었다. 거위 깃털이 가장 많이 쓰였다.

도제 장인 아래에서 일하며 기술의 핵심을 배우던 젊은이.

라틴어 고대 로마의 언어. 중세 시대까지 법률, 정부, 교육 등 여러 분야에 쓰였다.

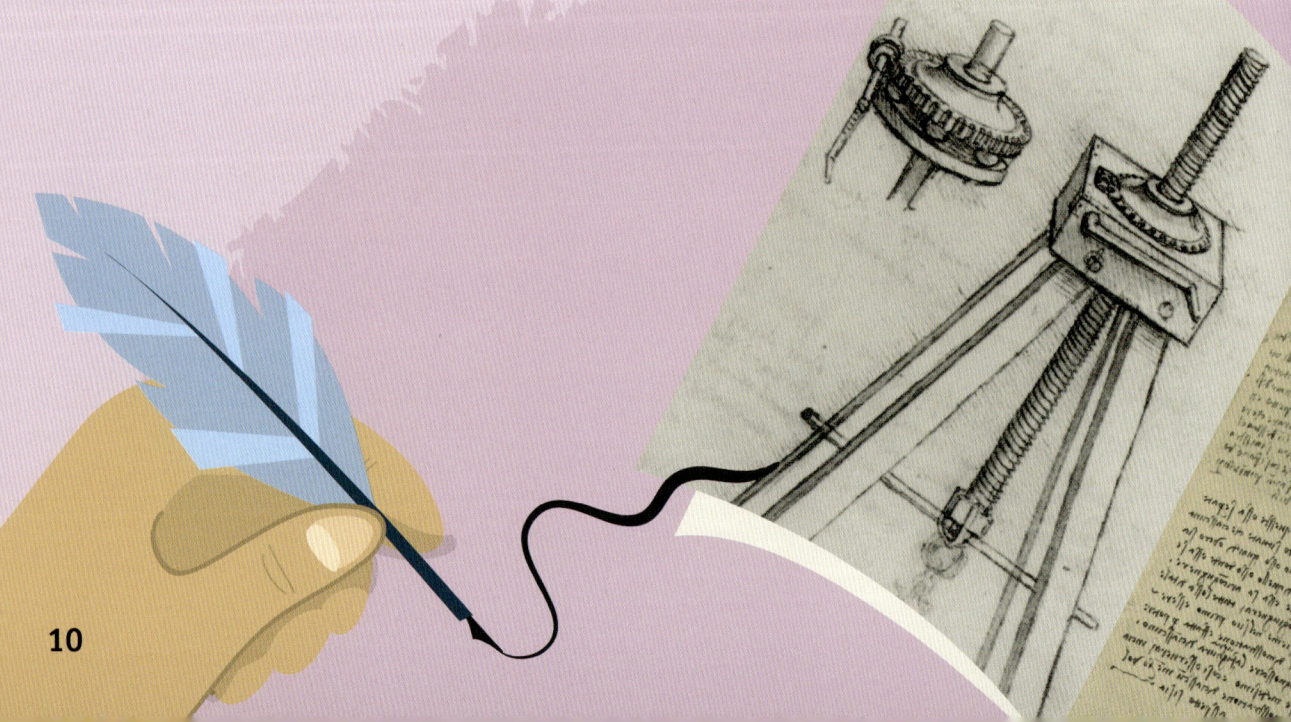

르네상스 유럽 역사에서 14세기부터 16세기까지의 시대. 예술, 문학, 교육, 탐구, 사상 등이 폭발적으로 성장하던 시기.

삼차원 가로, 세로, 높이로 이루어진 공간의 세 가지 차원. 가로, 세로, 높이를 숫자로 나타낼 수 있다.

일기 생활 속에서 일어나는 일, 아이디어, 관찰 결과 등을 매일 써서 남긴 기록.

장인 숙련된 기술자나 예술가로 자신들의 기술을 도제들에게 가르쳐 주었다.

조각상 나무, 금속, 돌 또는 그 밖의 재료를 다듬어 동물이나 사람의 모습 따위를 만든 것.

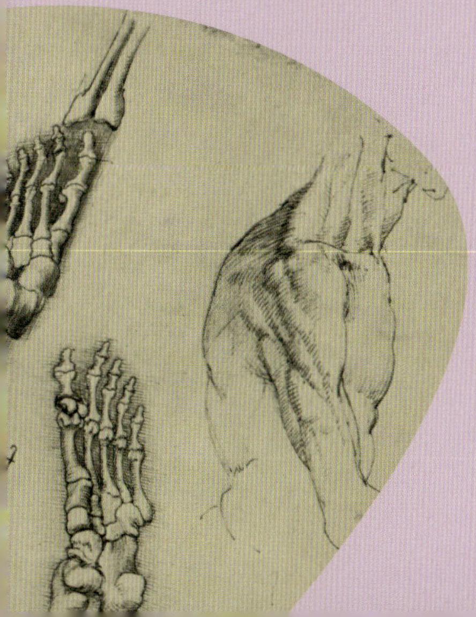

한눈에 보는 지식
1 어린 시절

레오나르도 다 빈치는 1452년 4월 15일, 이탈리아 피렌체 근처의 빈치 마을에서 태어났습니다. 레오나르도 다 빈치의 실제 이름은 레오나르도 디 세르 피에로 다 빈치로, '빈치에서 태어난 피에로의 아들 레오나르도'라는 뜻입니다.

레오나르도의 아버지 피에로는 계약서를 작성하는 공증인이었고, 어머니 카테리나는 농부의 딸이었습니다. 아버지와 어머니가 정식으로 결혼식을 올린 사이가 아니었기 때문에 레오나르도는 대학에 가거나 전문직을 가질 수 없었습니다.

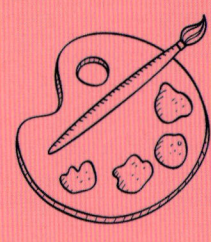

아버지 피에로는 레오나르도가 어렸을 때, 알비에라라는 여성과 결혼했습니다. 레오나르도는 어린 시절, 기초적인 교육만을 받았고, 주로 혼자서 놀며 시간을 보냈습니다. 아마도 이때 레오나르도는 타고난 호기심을 키웠을 것입니다.

레오나르도가 14살 때쯤, 그의 아버지는 피렌체의 유명한 예술가였던 안드레아 델 베로키오의 공방에 레오나르도를 도제로 들여보냈습니다. 도제는 공방에서 허드렛일을 하면서 일을 배우는 제자입니다. 이곳에서 레오나르도는 예술가가 되기 위해 다양한 기술을 배우고, 나중에 예술가 길드에도 가입했습니다.

한줄요약
레오나르도는 14살쯤 베로키오의 공방에 도제가 되었다.

레오나르도의 첫 작품

베로키오의 공방에 들어간 레오나르도는 처음에는 물감을 섞고 그림을 그릴 캔버스를 준비하는 일을 도왔지요. 어느 날, 레오나르도는 베로키오를 도와 〈그리스도의 세례〉라는 그림의 귀퉁이에 천사 그림을 그렸습니다. 베로키오는 레오나르도가 그린 천사를 보고, 그의 재능에 충격을 받았습니다. 그 뒤 베로키오는 두 번 다시 그림을 그리지 않겠다고 결심했답니다.

레오나르도는 14살쯤 유명한 화가인 안드레아 델 베로키오의
공방에서 도제로 일하게 되었다.

베로키오의 공방은
부자들의 의뢰를 받아
작품을 만들었다.

도제들은 포즈를 취한 사람들을
그리는 방법뿐만 아니라
그림에 관한
여러 가지 일을 배웠다.

어느 정도 일을 배운
도제들은 그림 작업에
직접 참여할 수 있었다.

도제 시절,
레오나르도는 베로키오를 도와
<그리스도의 세례>라는 그림을 완성했다.
레오나르도는 그 그림에서
천사를 그렸다.

한눈에 보는 지식
2 서로 싸우는 도시 국가

1482년, 레오나르도는 베로키오의 공방을 떠나 밀라노로 갔습니다. 그는 이곳에서 밀라노의 공작 루도비코 스포르차를 위해 일했습니다. 스포르차는 레오나르도에게 거대한 청동 말을 만들어 달라고 했습니다(34쪽을 보세요).

레오나르도는 밀라노로 떠나기 1년 전, 루도비코에게 편지를 보냈습니다. 처음에는 무기 개발자로, 다음에는 화가이자 조각가로 자신을 소개하는 편지를 보냈습니다. 당시 이탈리아는 전쟁이 잦았기 때문에 레오나르도는 예술가보다는 무기 개발자가 훨씬 쓸모 있다고 생각했기 때문입니다.

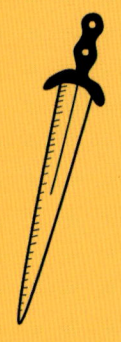

레오나르도가 살던 시기의 이탈리아는 수많은 도시 국가로 쪼개져 서로 싸워 댔습니다. 레오나르도처럼 재능이 넘치는 사람들에게는 싸움과 전쟁으로 다양한 기회가 생겼지만, 생활은 늘 불안정했습니다. 예술가들이 마음 편하게 작품 생활을 하기 위해서는 돈과 권력이 있는 사람들의 보호가 필요했습니다.

밀라노의 스포르차 가문은 돈이 엄청 많았고, 레오나르도는 17년 동안 스포르차 가문을 위해서 일했습니다. 밀라노와 경쟁하던 피렌체는 메디치 가문이 다스렸고, 메디치 가문은 천재에게 돈을 아끼지 않았습니다.

한줄 요약
당시 이탈리아는 불안정한 상황이었고, 예술가는 돈 많은 후원가의 도움이 필요했습니다.

레오나르도의 자기 소개서
밀라노 공작 루도비코 스포르차에게 쓴 편지에 레오나르도는 전쟁 무기 공학자로서의 자신의 능력을 다음과 같이 소개했습니다.
"… 저는 무장한 적의 군대를 뚫을 탱크를 만들 것이며, 아무리 대단한 병사라도 천하무적인 탱크를 막을 수 없을 것입니다. 따라서 우리 군대는 탱크를 뒤따라 장애물을 마주치거나 피해를 입지 않고 안전하게 나아갈 수 있을 것입니다."

한눈에 보는 지식
3 창의적인 사람

레오나르도는 베로키오의 공방에서 다양한 그림 기법을 배웠습니다. 하지만 세상 모든 것에 호기심이 많았던 레오나르도는 그림 기법을 배우는 것에 만족할 수 없었습니다. 그는 과학적 탐구를 통해 세상을 이해하려고 했고, 끊임없이 '왜?'라는 질문을 던졌습니다.

> 때때로 레오나르도가 과학적으로 세상을 탐구한 결과 때문에 레오나르도 자신이 위험해지기도 했습니다. 예를 들어 레오나르도는 물의 움직임을 굉장히 오랫동안 관찰하고 나서 『성서』에 묘사된 대홍수와 노아의 방주 내용이 실제로 일어날 수 없는 일이라고 결론을 내렸습니다.

레오나르도는 이 생각을 세상에 알리지 않고 일기에 남몰래 적어 두었습니다. 그가 이 생각을 숨긴 이유는 두 가지입니다. 먼저 교회에서 레오나르도에게 작품을 의뢰하곤 했기 때문입니다. 만약 레오나르도가 『성서』에 나온 내용을 의심하고 있다는 것을 교회에서 알게 되면 작품을 의뢰하지 않을 테니까요.

그런데 이보다 더 중요한 이유가 있었습니다. 당시에는 『성서』나 교회의 가르침에 의심을 품으면 체포당하거나 목숨을 잃을 수도 있었기 때문입니다. 이렇듯 레오나르도가 세상을 바라보는 눈은 당시 사람들과 달랐습니다.

한줄요약
레오나르도는 당시 사람들과 다른 생각을 했습니다.

채식주의자 레오나르도

레오나르도는 고기를 먹지 않았다는 증거가 있습니다. 하지만 사실인지 아닌지는 알 수 없습니다. 다만 그의 노트를 보면, 레오나르도는 동물에 대한 생각이 그 시대 사람들과 달랐습니다. 예를 들어 그는 오직 죽이기 위해 동물을 길러서는 안 된다고 생각했습니다. 또한 시대를 앞선 동물 활동가로서 새장에 갇힌 새를 풀어 주기도 했습니다.

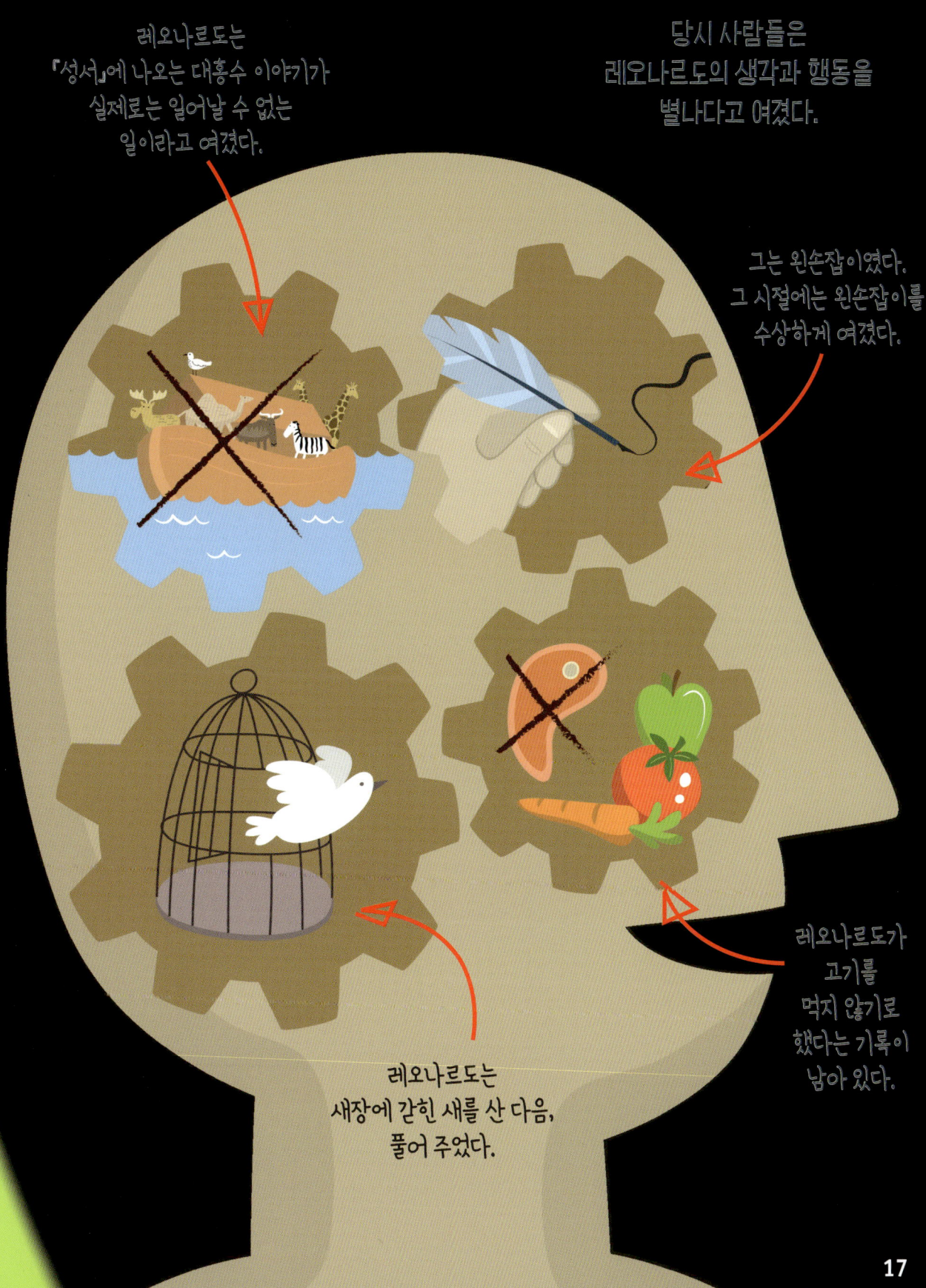

한눈에 보는 지식
4 레오나르도의 노트

레오나르도는 평생 동안 아이디어, 스케치, 생각들을 노트에 기록했습니다. 수천 장이 넘는 노트는 놀랍게도 지금까지 남아 있습니다. 이 노트 덕분에 우리는 레오나르도의 머릿속을 들여다볼 수 있지요.

레오나르도의 노트는 엄청나게 다양한 주제를 담고 있습니다. 해부학, 건축, 과학, 수학 등에 관한 스케치와 설계도는 물론이고, 심지어 사야 할 물건 목록과 물감을 만들 때 쓴 재료까지 적어 놓았습니다!

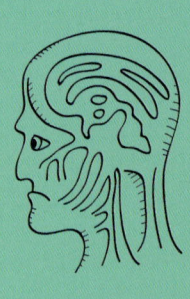

레오나르도는 라틴어가 아닌 이탈리아어로 노트에 기록했습니다. 학교를 제대로 다니지 않아서 라틴어를 배우지 못했기 때문입니다. 그리고 흥미롭게도 글자가 거꾸로 적혀 있습니다. 보통 왼쪽에서 오른쪽으로 글을 쓰지만 레오나르도의 노트에는 글이 오른쪽에서 왼쪽으로 흐릅니다. 자신의 아이디어를 비밀로 지키기 위해서였을까요? 아니면 왼손잡이여서 잉크를 묻힌 깃털로 쓸 때 이 방향이 편했던 것일까요?

오늘날 남아 있는 대부분의 노트는 레오나르도가 죽은 뒤 낱장을 모아 만든 것입니다. 지금은 박물관이나 개인이 소장하고 있습니다.

한줄요약
레오나르도가 남긴 노트를 통해 그의 생각을 알 수 있습니다.

거울 글씨
글을 종이 오른쪽 끝에서 시작해 왼쪽으로 쓰세요. 이때 글자의 오른쪽과 왼쪽이 뒤바뀐 모양이 되도록 글씨를 써야 합니다. 그런 다음, 종이를 거울에 비춰서 어떤 내용인지 읽어 보세요.

한눈에 보는 지식
5 완성하지 못한 작품들

레오나르도는 인기 있는 예술가였습니다. 부유한 사람들은 레오나르도에게 그림을 그려 달라고 했고, 레오나르도는 거절하지 않았습니다. 게다가 레오나르도는 67세까지 살았고, 죽기 전까지 진짜 열심히 일했습니다. 그런데도 오늘날 남아 있는 레오나르도의 작품은 거의 없습니다. 작품이 모두 사라져 버린 것일까요? 그보다는 레오나르도가 작품을 완성하지 못했기 때문입니다.

레오나르도는 평생 많은 일을 했지만 대부분 끝까지 해내지 못했습니다. 게으름뱅이라 그랬던 것은 아닙니다. 그는 자신의 작품을 완성하기 위해 정말이지 많은 시간을 쏟아부었습니다. 예를 들어 그는 〈모나리자〉를 죽기 직전까지 그렸습니다.

어떤 학자는 레오나르도가 완벽주의자라서 자신이 원래 생각했던 것과 실제로 그린 그림이 서로 맞아떨어지지 않는 점을 걱정했다고 합니다. 또 어떤 학자는 레오나르도가 굉장히 산만해서 금세 다른 주제에 마음을 빼앗겨 버렸다고 합니다. 진짜 이유가 무엇이든, 레오나르도가 남긴 작품이 많지 않다는 점은 안타깝습니다.

한줄 요약
레오나르도는 시작했던 일은 많지만, 끝까지 마무리짓지 못한 일이 많았습니다.

두뇌를 깨워라
다음 실험을 해 보세요. 세 가지 다른 일을 뇌가 한꺼번에 처리하는 것이 얼마나 어려운 일인지 알게 될 것입니다.
친구에게 단어 맞히기 문제를 내어 달라고 부탁하고 두 손으로 그림을 동시에 그리며 답을 맞혀 보세요.
레오나르도도 굉장히 복잡하고 어렵다고 생각했을 것입니다.

레오나르도의 머릿속은
늘 아이디어로 넘쳤지만, 자신의 작업을
제대로 끝마치지 못했다.

월요일
피렌체 대회의장에 그릴
〈앙기아리 전투〉를 연습했다.

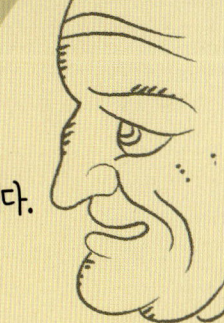

화요일
〈최후의 만찬〉을
그릴 때 쓸
새로운 벽화 기법을
발명했다.

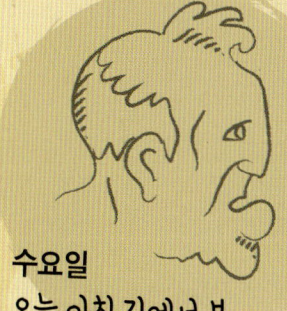

목요일
〈모나리자〉 작업 끝.

금요일
〈암굴의 성모〉 작업 때
보고 그릴 꽃을 채집했다.

수요일
오늘 아침 길에서 본,
머리카락이 희한하게 자란
사람을 그렸다.

일요일
하늘을 나는 기계를 만들게 되면
시험해 줄 자원 봉사자를 구했다.

토요일
세상에서 가장 큰
말 조각상을 만들 수 있는
방법을 찾아보았다.

예술가

레오나르도의 수많은 업적 중에서도 첫손에 꼽히는 업적은 바로 〈모나리자〉를 그렸다는 것입니다! 〈모나리자〉는 세계에서 가장 유명하고 가치 있는 작품 중 하나입니다. 레오나르도는 뛰어난 예술가로, 새로운 기법을 개발해 그 시대에 그려진 그 어떤 그림보다 사실적인 작품을 남겼습니다.

그는 화가일 뿐만 아니라 조각에도 재능이 넘쳤습니다. 게다가 자신의 작품 속에 수수께끼도 숨겨 놓았답니다.

예술가
읽기 전에 알아두기

걸작 매우 훌륭한 작품. 레오나르도가 살던 시대의 예술가는 걸작을 만들어야 길드의 장인이 될 수 있었다.

르네상스 유럽 역사에서 14세기부터 16세기까지의 시대. 예술, 문학, 교육, 사상이 폭발적으로 성장했다.

밑칠 그림을 그릴 때 캔버스 바탕에 가장 먼저 칠하는 것. 그 위에 추가되는 색의 바탕이 된다.

삼차원 사람들이 생활하고 있는 공간은 가로, 세로, 높이의 세 방향으로 이루어져 있다. 삼차원이란 공간을 세 개의 숫자로 나타낼 수 다는 말이다.

상징 보통 어떤 개념, 특성, 신념 등 다른 의미를 나타내는 물체.

색조 색깔이 강하거나 약한 정도나 상태. 또는 짙거나 옅은 정도나 상태.

소실점 그림에서 평행선들이 서로 모여 지평선과 만나는 점. 사물이 멀어질수록 더 작아지고 서로 가까워지는 것처럼 보인다. 멀어질수록 점점 더 작아지면 하나의 점으로 모아진다.

스푸마토 색깔 사이의 경계선을 명확히 구분 지을 수 없도록 부드럽게 옮아가게 하는 기법. 레오나르도 다 빈치의 그림에서 비롯된 것으로 알려진다.

원근법 사람의 눈에 보이는 삼차원의 물체나 공간을 종이와 같은 평면 위에 거리감과 깊이감을 주어 입체적으로 표현하는 방법.

유약 물감을 바른 뒤 얇게 덧바르는 투명한 색층. 빛이 유약을 통과하여 아래에 있는 색을 반사하기 때문에 유약을 바른 그림은 색이 더 강렬하고 풍부해 보인다.

음영 물체에 빛을 비췄을 때 생기는 어두운 그림자.

장인 도제들의 교육을 담당했던 숙련된 기술자나 예술가.

전경 한눈에 바라보이는 전체의 경치.

조각상 나무, 금속, 돌 또는 그 밖의 재료를 다듬어 입체적인 모양으로 만든 것.

중간색 밝은 순색에 흰색이나 회색을 섞은 색.

지평선 편평한 땅의 끝과 하늘이 맞닿아 경계를 이루는 선. 그림에서는 눈높이에 해당하는 선을 말하는데, 이 선이 그림의 중심이 된다.

템페라 달걀 노른자와 같이 끈적끈적한 물질이나 접착제를 채색 재료와 섞어 물감을 만드는 방식. 매우 빨리 마르며, 템페라로 그린 그림은 오래 유지된다.

한눈에 보는 지식
6 유화

레오나르도는 새로운 기법으로 실물에 가까운 보이는 그림을 그렸습니다.

레오나르도는 물감에 기름을 섞어서 그림을 그리기 시작했습니다. 그전까지 화가들은 물감에 달걀 노른자를 섞어서 만드는 템페라 방식을 사용했습니다. 템페라는 매우 빨리 마르기 때문에 화가들도 빨리 그림을 그려야만 했습니다. 그러나 기름을 섞은 물감은 매우 천천히 말랐기 때문에 레오나르도는 마음에 들 때까지 그림을 그리고 고칠 수 있었습니다.

레오나르도는 여러 번 덧칠해 가며 그린 유화 위에 거의 투명한 유약을 발랐습니다. 유약을 바른 그림은 광택이 나고 선명했습니다. 하지만 한 번 덧칠하면 다 말라야 그 위에 덧바를 수 있기 때문에 끝까지 그리는 데에 오랜 시간이 걸렸습니다.

또한 레오나르도는 그림을 그릴 때 스푸마토 기법을 이용했습니다. 스푸마토는 그림을 그릴 때 테두리 선을 진하게 긋는 대신에 아주 섬세하게 붓질하는 기법입니다. 색과 색 사이의 경계선이 거의 보이지 않을 정도로 부드럽게 이어집니다.

한줄요약
레오나르도는 새로운 회화 기법을 개발했습니다.

물감 만들어 그리기

준비물 물 1.5컵, 밀가루 1컵, 소금 1컵, 물감
주의 물감 얼룩을 주의하세요.

실험 방법
① 물, 밀가루, 소금을 한데 섞고 여러 개의 그릇에 나눠 담습니다.
② 각 그릇에 서로 다른 색의 물감을 넣습니다.
③ ②의 물감으로 그림을 그립니다.
⋯ 물감에 기름 몇 방울을 떨어뜨린 뒤 물감이 어떻게 변하는지 관찰해 보세요.

레오나르도는
자신만의 물감을 만들어
물감을 겹겹이 쌓아
그림을 그렸다.

먼저 갈색으로
밑칠을 했다.

더 밝은색의 층을
천천히 덧칠했다.

같은 색의
다양한 색조를 이용해
음영을 표현했다.

기름, 식물, 광물,
심지어 곤충까지 이용해
자신만의 물감을
만들었다.

한눈에 보는 지식
7 원근법, 빛, 색

레오나르도는 늘 주변을 관찰하면서 자신이 눈으로 본 것을 스케치하고 기록하면서 평생을 보냈습니다. 그는 눈에 보이는 대로 그림으로 표현하고 싶어 했습니다. 하지만 삼차원인 세상을 평면인 캔버스에 옮겨 그리는 것은 어려운 일입니다. 레오나르도는 원근법을 비롯한 다양한 기법과 눈속임을 이용해 세상을 그림으로 표현했습니다.

레오나르도는 오랫동안 빛과 색을 연구했습니다. 많은 시간을 들여 그림자의 변화를 관찰하고, 옷 주름을 실제와 거의 똑같이 그리려고 노력했습니다. 그 결과 음영과 명암을 이용해 물체가 무거운지, 가벼운지 표현할 수 있었습니다. 레오나르도의 기법들은 당시 예술가들의 생각을 크게 뛰어넘은 것이었습니다.

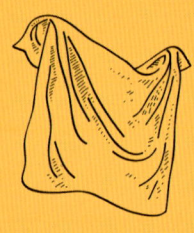

레오나르도는 또한 간단한 눈속임을 그림에 이용했습니다. 예를 들면 가까운 곳은 짙은 색으로 선명하게 그리고, 먼 곳은 중간색으로 흐릿하게 그려서 가까운 곳은 가깝게, 먼 곳은 멀게 느껴지도록 한 것입니다.

한줄요약
원근법, 음영, 색상은 그림을 삼차원으로 보이게 했습니다.

원근법 연습
준비물 연필, 스케치북
실험 방법
① 스케치북 가운데에 선을 그려 넣으세요. 이 선은 하늘과 땅이 맞닿는 지평선입니다.
② 선 중심에 점을 찍습니다. 이 점을 소실점이라고 합니다.
③ 점에서 먼 물체일수록 더 크게 그리세요.

한눈에 보는 지식
8 모나리자

레오나르도는 세상에서 가장 위대한 명화로 손꼽히는 작품을 남겼습니다. 바로 <모나리자>입니다. 하지만 그림의 주인공이 누구인지는 정확하게 알지 못합니다. 여러 가지 이야기가 전해질 뿐입니다. 그중에는 여자 옷을 입은 레오나르도의 자화상이라는 이야기도 있습니다! 하지만 이탈리아의 무역상 프란체스코 델 조콘도의 아내 리자 게라르디니가 모나리자의 주인공이라는 이야기가 가장 그럴듯합니다.

<모나리자>는 완성된 작품이 아닙니다. 레오나르도의 많은 작품이 미완성이기는 하지만 <모나리자>는 조금 다릅니다. 레오나르도가 죽기 직전까지 여러 해에 걸쳐 이 그림을 그렸기 때문입니다. 어쨌든 레오나르도가 <모나리자>를 중요하게 생각한 것은 분명합니다. 그 까닭은 아무도 모르지만요. 몇 세기 지난 지금도 레오나르도가 담아 낸 여성의 오묘하고도 은은한 미소에 사람들이 매혹된 것은 확실합니다.

<모나리자>는 프랑스 파리의 루브르 박물관에 전시되어 있습니다. 이 작품을 보기 위해 매년 600만 명의 사람들이 이곳을 찾지요! <모나리자>는 안전을 위해 방탄유리로 보호되고 있습니다.

한줄요약
레오나르도는 위대한 명화로 꼽히는 <모나리자>를 남겼습니다.

도둑맞은 모나리자
1911년 8월 21일, 빈첸초 페루자라는 도둑이 <모나리자>를 훔쳐갔습니다. 그는 박물관 직원들이 입던 겉옷 속에 그림을 숨긴 채 유유히 박물관을 빠져나갔습니다! 그림은 2년 후 발견되어 박물관으로 돌아왔습니다.

이 여성은 누구일까요?

어떤 사람들은 이 신비로운 여성을 리자 게라르디니라고 생각한다.

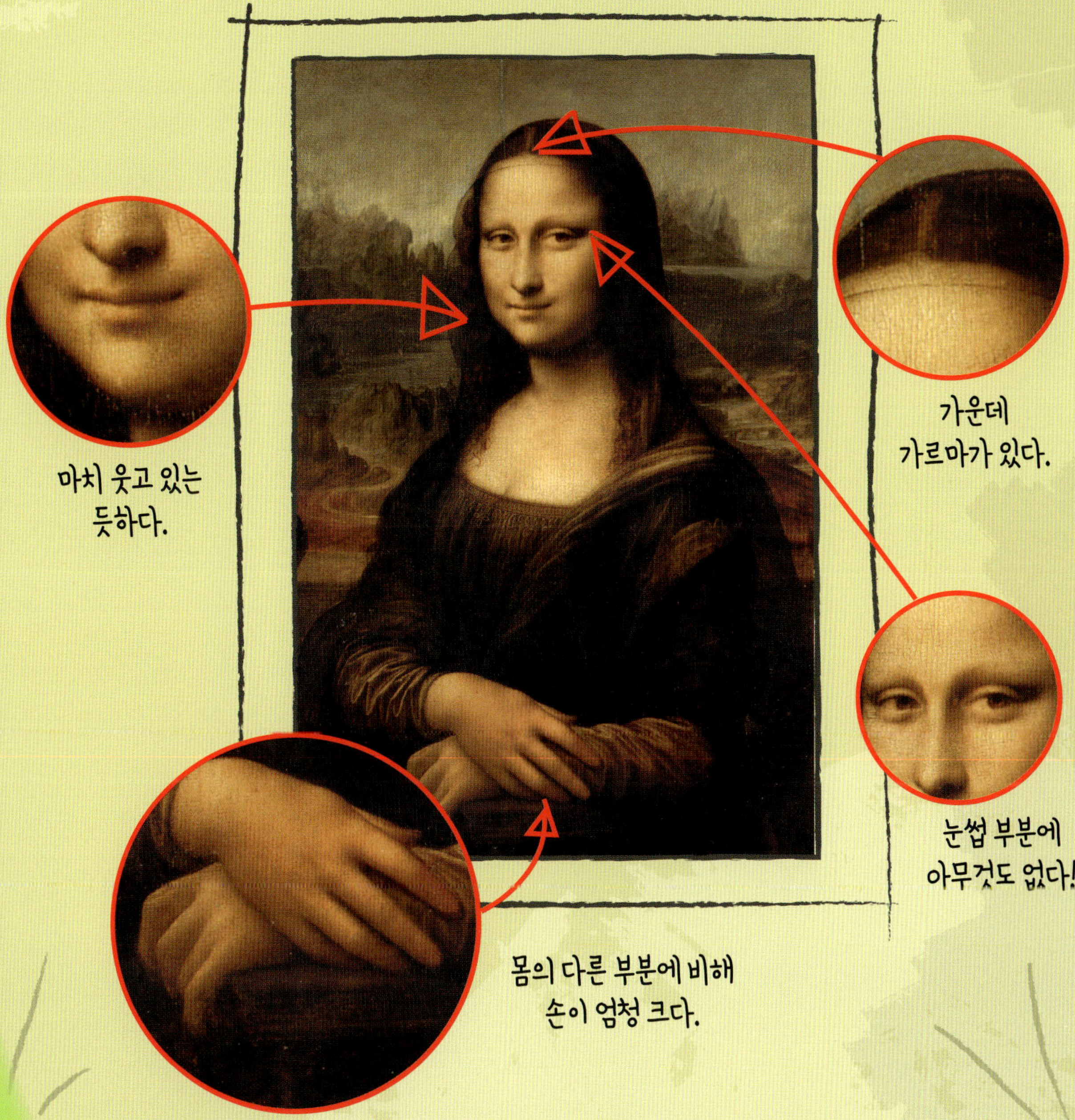

마치 웃고 있는 듯하다.

가운데 가르마가 있다.

눈썹 부분에 아무것도 없다!

몸의 다른 부분에 비해 손이 엄청 크다.

한눈에 보는 지식
9 상징과 비밀

레오나르도의 그림에는 상징과 숨겨진 의미로 가득합니다. 상징이란 평화 같은 추상적인 개념을 비둘기 같은 구체적인 사물로 나타내는 것입니다. 당시 대부분의 사람은 레오나르도가 그려 놓은 상징들을 이해했습니다. 예를 들어, 레오나르도가 그린 〈암굴의 성모〉에는 왼쪽 아랫부분에 '베들레헴의 별'이라고도 부르는 야생 백합이 있습니다. 이 꽃은 성모 마리아의 순결을 상징합니다.

〈최후의 만찬〉은 식탁에 둘러앉은 예수와 그를 따르던 12명의 제자를 그린 작품입니다. 레오나르도는 예수의 제자들을 3명씩 무리지어 있도록 했으며, 창문은 3개를 그렸습니다. 이는 삼위일체(성부, 성자, 성령)를 뜻합니다. 예수를 배신한 유다의 앞에는 엎질러진 소금이 그려집니다. 엎질러진 소금은 불운을 뜻합니다.

안타깝게도 레오나르도의 작품 속에 있는 상징이 무엇을 뜻하는지 모두 밝혀지지는 않았습니다. 레오나르도는 손을 뻗어 마치 허공의 한 곳을 가리키는 듯한 독특한 자세를 한 사람을 자주 그렸습니다. 어떤 학자는 이 자세가 천국을 가리킨다고 하며, 어떤 학자는 이 자세가 연극적으로 보이기 때문에 그렸을 거라고 생각합니다.

한줄요약
레오나르도의 작품에는 상징과 숨겨진 의미로 가득 차 있습니다.

나만의 비밀 편지

레오나르도처럼 여러분만의 암호를 만들어 보세요.

실험 방법
① 학교를 의미하는 깃발, 공책을 나타내는 네모처럼 어떤 물체나 의미를 상징하는 것을 고르세요.
② 이 상징을 나열해 편지를 쓴 다음 친구에게 주세요. 문제를 풀 수 있도록 힌트를 주는 것도 좋습니다.
③ 친구가 암호의 뜻을 이해하는지 확인해 보세요.

레오나르도는 그림 속에 상징을 넣었다.
다음은 그가 자주 쓴 상징과 그 뜻이다.

종려나무

승리
종려나무는 기원전부터
승리의 상징이었다.

야생백합

순결
야생백합은 성모 마리아가
나오는 그림에 자주
등장한다.

아칸투스
몰리스

불멸
이 식물은 무덤가에서 볼 수 있다.

서양매발톱꽃

성령
성령의 상징인
비둘기를 닮은
식물이다.

시클라멘

사랑
시클라멘의 잎은 하트 모양이다.

한눈에 보는 지식
10 말 조각상

레오나르도는 밀라노를 다스리던 루도비코 스포르차 공작으로부터 말 조각상을 만들어 달라는 의뢰를 받았습니다. 르네상스 시대의 예술가로서 레오나르도는 모든 형태의 예술에 손을 댔습니다. 베로키오의 도제일 때 조각도 배웠습니다.

루도비코 스포르차 공작이 만들어 달라고 한 조각상은 7m 높이의 세상에서 가장 큰 청동 말 조각상이었습니다. 레오나르도는 설계도를 그리고 기본 구상을 하면서 몇 년을 보냈습니다. 그러다 1490년대에는 찰흙으로 실제 크기의 모형을 만들었습니다. 스포르차는 만족했습니다.

하지만 레오나르도는 다른 작업에 정신이 팔려 동상에 필요한 청동을 녹이지 않았습니다. 그러다가 1494년, 밀라노와 프랑스 사이에 전쟁이 일어났습니다. 동상을 만들기 위해 준비했던 청동은 대포를 만드는 데 쓰였습니다. 끝내 청동 말 조각상은 완성되지 못했습니다. 침략한 프랑스 군대는 레오나르도가 만든 찰흙 모형을 과녁으로 삼아 활쏘기 연습을 해댔지요!

오늘날 밀라노에는 레오나르도의 설계도를 바탕으로 만든 말 청동상이 세워져 있습니다.

한줄 요약
레오나르도는 청동 말 조각상을 설계했지만, 찰흙 모형까지만 만들었습니다.

찰흙으로 조각 만들기

준비물 밀가루 1컵, 소금 반 컵, 기름 조금, 물 반 컵, 물감

주의 물감 얼룩을 주의하세요.

실험 방법

① 밀가루, 소금, 기름, 물을 한데 섞으세요. 너무 질척하면 밀가루를 조금 더 넣고, 너무 되직하면 물이나 기름을 더 넣으세요.

② 반죽을 여러 덩어리로 나눈 뒤 각 덩어리를 서로 다른 색의 물감으로 물들입니다.

⋯ 찰흙을 쌓아 올려 나만의 작품을 만들어 보세요.

한눈에 보는 지식
11 레오나르도와 미켈란젤로

피렌체나 밀라노 같은 대도시에는 부유한 사람들이 많았고, 그들은 예술을 후원했습니다. 그 결과 이 도시 국가들은 위대한 예술가와 예술품이 탄생하는 중심지로 발전했습니다. 하지만 그만큼 예술가 사이에 경쟁도 심해졌습니다. 레오나르도와 그보다 젊은 예술가인 미켈란젤로도 마찬가지였습니다.

1475년에 태어난 미켈란젤로 부오나르티는 레오나르도보다 20살 정도 어렸습니다. 미켈란젤로는 20대 초반에 이미 뛰어난 조각가이자 화가로 유명했습니다. 젊은 미켈란젤로는 나이 많고 이름 높은 레오나르도와 경쟁하는 것도 마다하지 않았습니다.
또한 미켈란젤로는 "청동 기마상을 만들려고 한 것도, 거기에 실패한 것도, 창피하게 그 작업을 중단해야 했던 것도 모두 레오나르도이다."라며 흉봤다고 합니다.

레오나르도 역시 젊은 미켈란젤로의 조각상을 그다지 좋아하지 않았습니다. 그럼에도 그들은 함께 일하기도 했습니다.
1503년에서 1504년 사이에 두 사람은 피렌체 대회의장의 마주 보는 벽에 각각 전쟁의 한 장면을 그리기로 했지만, 이 벽화는 완성되지 못했습니다. 사이가 나쁜 두 사람이 너무 가까이에서 작업을 한 것도 벽화를 완성하지 못한 이유 중에 하나일 겁니다.

한줄요약
레오나르도와 미켈란젤로는 비슷한 시대에 살았던 뛰어난 예술가였습니다.

여러분의 선택은?
인터넷에서 레오나르도와 미켈란젤로의 작품을 찾아보고, 둘이 남긴 가장 유명한 조각상과 그림을 살펴보세요. 두 사람의 작품을 보고 어떤 생각을 했나요? 어느 한 명이 다른 사람보다 더 뛰어났다고 생각하나요?

발명가

레오나르도는 뛰어난 공학자로, 하늘을 나는 기계, 스스로 굴러가는 수레, 로봇, 전쟁 무기를 설계했습니다. 대부분은 실제로 만들어지지 않았지만, 설계도는 노트에 고스란히 남아 있습니다. 그의 발명품은 대부분 수백 년이나 앞선 물건들이었고, 많은 발명품은 설계에서부터 결함이나 문제가 있었습니다. 하지만 몇몇 발명품은 설계도대로 만들어 보면, 아주 잘 작동합니다.

발명가
읽기 전에 알아두기

공화국 나라의 주권이 국민에게 있어서, 국민이 뽑은 정치가가 다스리는 나라.

기어 둘레에 일정한 간격으로 톱니를 내어 만든 바퀴. 이가 서로 맞물려 돌아감으로써 동작을 연결하거나 바꾼다.

낙하산 높은 하늘에서 떨어지는 사람이나 물체의 속도를 낮추는 장비.

도르래 바퀴에 홈을 파고 줄을 걸어서 돌려 무거운 짐을 들어 올리거나 옮기는 간단한 장치.

르네상스 유럽 역사에서 14세기부터 16세기까지의 시대. 예술, 문학, 교육, 탐구, 사상이 폭발적으로 성장했다.

복제품 원래의 것과 똑같이 본떠서 만든 물건.

석궁 나무 지지대나 쇠막대에 고정된 활의 일종. 화살이 걸린 손잡이를 놓으면 화살이 매우 빠른 속도로 발사된다. 정확도도 높다.

오토마타 사람이 조종하지 않아도 자동으로 움직이도록 설계된 기계적인 형상이나 장치.

왕국 왕이나 여왕이 다스리는 국가.

용수철 철사가 돌돌 말린 물체로, 눌리고 압축되었다가도 곧 원래 모양으로 돌아오는 성질이 있다.

장인 도제들의 교육을 담당했던 숙련된 기술자나 예술가.

전기 한 사람의 생애와 업적을 기록한 책.

진자 고정된 중심점에 매달려 자유롭게 흔들리는 무거운 추.

태엽 장치 용수철과 기어로 작동하는 기계.

탱크 레오나르도가 발명한 전쟁 무기. 단단히 무장되어 안에 탄 병사들을 보호할 수 있었다.

톱니 바퀴가 서로 맞물려 돌아갈 수 있게 만드는 작은 이빨처럼 난 홈.

투석기 큰 돌을 강력한 힘으로 먼 거리까지 날리는 장비.

필사본 손으로 글자를 써 느슨하게 묶은 책.

한눈에 보는 지식
12 무기

당시 이탈리아는 여러 왕국과 공화국 사이에 싸움이 자주 일어났기 때문에 공격과 방어를 위한 무기가 필요했습니다. 레오나르도는 무기를 필요로 하는 부유한 고객들에게 자신이 발명한 무기가 쓸모 있다는 것을 보여 주려고 노력했습니다.

먼저, 레오나르도는 자신이 발명한 무기들이 부유한 후원자들의 눈에 띄도록 간단한 속임수를 썼습니다. 바로 최대한 크게 무기를 설계한 것입니다. 그는 엄청나게 큰 석궁을 설계했습니다. 원래 석궁은 병사들이 들고 다니면서 썼는데, 레오나르도가 발명한 석궁은 움직일 때 바퀴가 필요할 정도로 크고, 투석기처럼 돌덩어리를 쏘아 올릴 수 있었습니다.

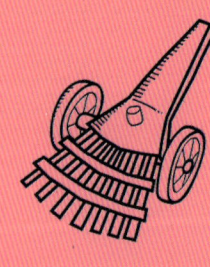

레오나르도는 각각 따로 폭발하는 여러 개의 폭탄을 쏘는 대포와 발사구가 여러 개인 대포를 설계했습니다. 이 밖에도 그의 노트에는 성벽을 오르는 병사들을 화살로부터 보호하기 위한 지붕이 덮인 사다리, 회전하는 칼날이 달린 전차에 대한 아이디어도 그려져 있습니다.

레오나르도는 많은 양의 무기를 실을 수 있고 어느 방향으로든 이동할 수 있는 탱크도 발명했습니다.

한줄요약
레오나르도는 귀족들을 위해 무기를 개발했습니다.

레오나르도는 일부러 실수했을까?

레오나르도가 설계한 무기들은 실제로 사용할 수 없는 것들이 많습니다. 무기의 설계가 잘못됐기 때문입니다. 게다가 누구나 뻔히 할 수 있는 실수였습니다. 그렇기 때문에 레오나르도가 이 실수를 고치지 않은 것이 이상합니다. 레오나르도는 한때 전쟁을 '야수 같은 광기'라고 표현했습니다. 그래서 레오나르도를 평화주의자라고 생각하는 사람들도 있습니다.

레오나르도가 설계한 탱크는
가장 유명한 무기 중 하나다.
결함이 있긴 하지만,
상당히 시대를 앞서간 무기였다.

둥근 나무 벽이 여덟 명의
병사를 지켜 준다.

손잡이를 돌려
탱크를 움직인다.

탱크는
옆면의 틈으로 작은 대포를
발사할 수 있다.

탱크는 병사들의 힘으로
움직일 수 없을 정도로
무거웠을 것이다.

한눈에 보는 지식
13 놀라운 수레

르네상스 시대는 빨리 어디론가 가려면 말을 타야 했고, 무거운 짐을 옮기려면 말과 수레 또는 황소가 필요했습니다. 레오나르도는 사람과 물건을 운송할 수 있는 여러 가지 아이디어를 떠올렸는데, 그중에는 지금의 '자동차'와 비슷한 것도 있었습니다!

레오나르도가 설계한 '자동차'는 한마디로 스스로 굴러가는 수레입니다. 직접 만들지는 못했지만, 레오나르도가 죽은 지 500년 뒤에 그의 설계도를 바탕으로 제작한 '자동차'는 놀랍게도 실제로 움직였습니다.

레오나르도의 '자동차'는 돌돌 감긴 용수철로 움직였습니다. 마치 태엽 장치 장난감처럼 용수철이 풀릴 때 차가 밀려 나가도록 한 것입니다. 짧은 거리만 이동할 수 있었지만 방향을 조절할 수 있었고, 급하게 멈춰야 할 때를 대비한 제동 장치도 있었습니다.

레오나르도의 '자동차'는 19세기에 발명된 자동차만큼 복잡한 기계는 아니었습니다. 하지만 레오나르도는 동물이나 인간, 아니면 자연의 힘으로 수레를 움직일 필요가 없다는 사실을 깨닫고, 한 걸음 더 나아갔습니다.

스스로 움직이는 수레 만들기

준비물 둥글고 속이 빈 실패, 고무 밴드, 성냥개비, 셀로판테이프, 연필
실험 방법
① 고무 밴드를 일자로 만들어 실패의 빈 속을 통과시킵니다.
② 성냥개비에 고무 밴드의 한쪽 끝을 건 뒤, 성냥개비를 실패에 평평하게 놓고 테이프로 단단히 붙입니다.
③ 실패 반대쪽에서 연필로 고무 밴드를 거세요. 이때 연필의 4분의 1 지점에 고무 밴드를 거세요.
④ 연필을 돌려 고무 밴드를 여러 번 감은 다음 바닥에 내려놓아 바퀴를 굴려 보세요.

한줄요약
레오나르도는 스스로 굴러가는 수레를 만들었습니다.

레오나르도는 수백 년 전에 기계를 이용해 수레를 끌 수 있는 방법을 연구했다.

수천 년 동안 수레를 움직이려면 사람, 말, 소가 끌어야 했다.

레오나르도의 '자동차'는 스스로 굴러갔다.

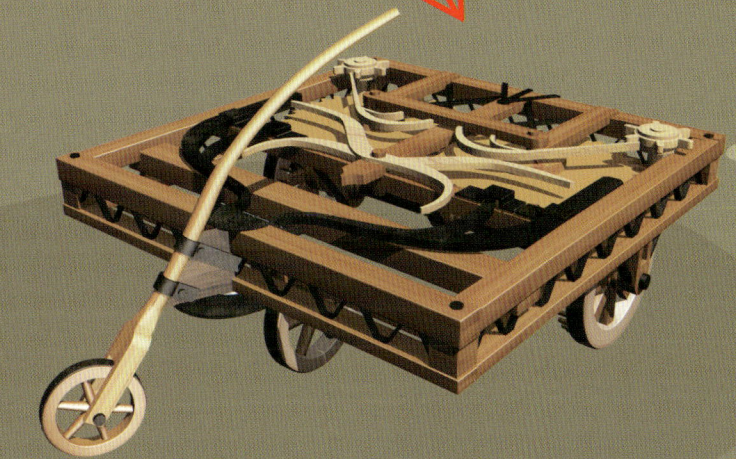

그의 발명품은 스스로 움직이고 스스로 멈출 수 있었다!

1885년, 카를 벤츠가 세계 최초로 가솔린 자동차를 발명했다.

한눈에 보는 지식
14 하늘을 나는 기계

레오나르도는 새들이 하늘을 날아다니는 방식을 관찰하고 과학적으로 연구했습니다. 하지만 그가 정말로 흥미를 느낀 것은 사람이 하늘을 날 수 있는 방법이었습니다. 레오나르도는 이 방법을 연구하고 그 생각을 노트에 스케치했습니다.

레오나르도는 헬리콥터를 설계했습니다. 고대 그리스의 과학자이자 발명가인 아르키메데스가 물을 끌어 올리기 위해 만든 나선식 펌프를 보고 떠올린 생각입니다. 레오나르도는 나선의 각도가 헬리콥터를 공중으로 끌어올리는 데 필요한 힘을 만들어 낼 수 있다고 옳은 가설을 세웠습니다. 하지만 아쉽게도 레오나르도는 나선을 움직일 수 있는 힘을 공급할 수 있는 방법을 몰랐습니다!

레오나르도는 헬리콥터에서 뛰어내릴 수밖에 없는 위험한 상황을 대비해 낙하산도 발명했습니다. 실제로 2000년에 레오나르도의 낙하산을 만들어 실험을 했는데, 3000미터 높이에서 낙하산을 타고 떨어진 지원자는 무사했습니다. 레오나르도의 낙하산은 실제로 작동하는 발명품 가운데 하나지요.

헬리콥터 놀이

준비물 좁고 긴 종이띠, 클립

실험 방법
① 종이띠를 길게 반으로 접으세요.
② 접은 부분 가운데에 클립을 끼우세요.
③ 종이띠의 한쪽 끝은 오른쪽으로 접고, 다른 쪽 끝은 왼쪽으로 접어 뒤집힌 T 자 모양을 만드세요.
④ 종이띠를 높은 곳에서 떨어뜨려 보세요.
→ 마치 헬리콥터처럼 빙글빙글 돌며 떨어질 것입니다.

한줄요약 레오나르도는 여러 시대를 앞서서 하늘을 나는 기계를 구상했습니다.

한눈에 보는 지식
15 오토마타

레오나르도는 움직이는 모형을 설계하고 실제로 만들기도 했습니다. 움직이는 모형을 '오토마타'라고 합니다. 당연히 레오나르도의 오토마타는 당시 사람들에게 큰 충격을 주었습니다. 특히 프랑스의 왕 프랑수아 1세는 깊은 인상을 받고, 레오나르도에게 프랑스로 와서 일해 달라고 할 정도였습니다.

레오나르도가 움직일 수 있는 사자 모형을 3개 만들었다는 기록이 있습니다. 1509년 무렵에 만든 첫 번째 모형은 앞다리를 들어 올릴 수 있었습니다. 1515년 무렵에 만든 두 번째 모형은 걷고 꼬리를 흔들고 머리를 양옆으로 돌리는 데다 입까지 벌릴 수 있었습니다. 프랑스의 왕 프랑수아 1세가 움직이는 사자를 보기 위해 초대받았을 때, 레오나르도는 왕이 사자 앞에 서면 사자의 가슴이 열리면서 백합이 한 아름 나오게 했습니다. 백합은 프랑스 왕가의 상징입니다. 왕이 매우 감동할 만했지요.

사자 몸속에는 톱니, 기어, 도르래, 진자가 있었습니다. 모두 시대를 한참 앞선 것입니다. 훗날 레오나르도가 그린 설계도를 바탕으로 만든 오토마타는 실제로 움직였습니다.

프랑수아 1세

프랑수아 1세는 레오나르도의 마지막 후원자였습니다. 레오나르도의 천재성에 감명을 받은 그는 1516년, 레오나르도를 프랑스로 불러 여러 가지 일을 맡겼습니다. 레오나르도는 프랑스에서 화가, 공학자, 건축가로 일했습니다. 레오나르도는 프랑스로 갈 때 〈모나리자〉를 가지고 갔습니다. 그래서 〈모나리자〉는 이탈리아가 아닌 프랑스 박물관에 전시되어 있습니다.

한줄요약
오토마타는 프랑스 왕의 큰 관심을 끌 정도로 새로운 발명품이었습니다.

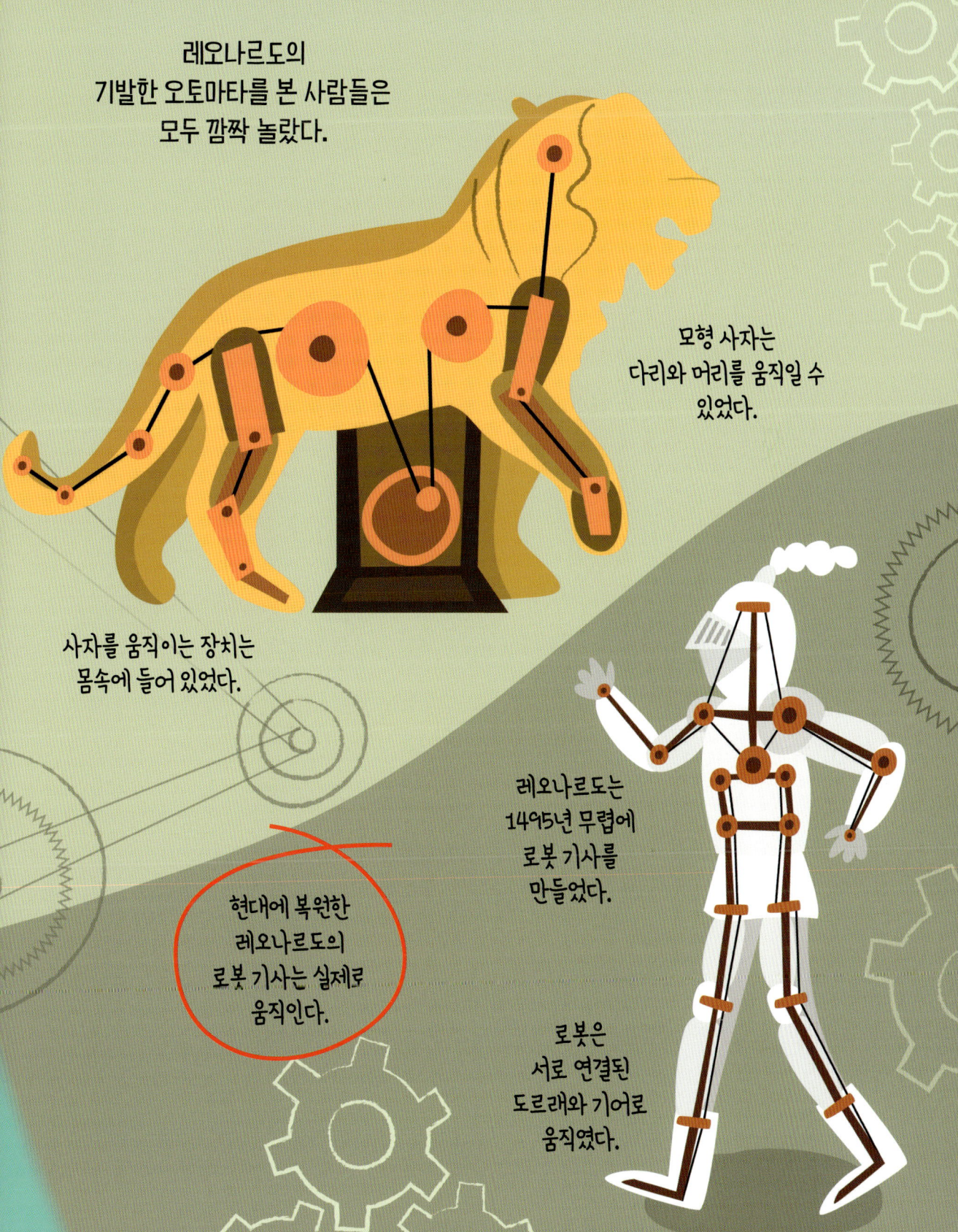

한눈에 보는 지식
16 악기 발명

이탈리아 예술가이자 역사학자인 조르조 바사리(1511~1574)는 레오나르도의 전기를 썼습니다. 바사리는 책에서 레오나르도가 현악기라면 뭐든 연주할 줄 알았던 재능 넘치는 음악가라고 밝혔습니다. 레오나르도는 줄이 7개인 바이올린처럼 생긴 현악기인 '리라 다 브라초'를 연주할 수 있었습니다. 아마 그는 스승인 베로키오에게 음악을 배웠을 것입니다. 베로키오는 기타와 비슷한 류트를 갖고 있었거든요.

레오나르도는 악기도 만들었습니다. 그는 밀라노의 공작인 루도비코 스포르차를 위해 작은 현악기인 리라를 만든 적이 있습니다. 레오나르도가 제작한 리라는 말의 머리처럼 생겼고, 은으로 만들었습니다. 소리도 다른 리라보다 훨씬 뛰어났다고 합니다. 당연히 스포르차 공작은 레오나르도가 만든 리라를 받고 엄청나게 기뻐했습니다!

레오나르도는 현악기에 건반을 덧붙인 '비올라 오르가니스타'를 설계했습니다. 이 악기는 그 당시에는 만들어지지 않았습니다. 하지만 후세 사람들이 레오나르도의 설계도를 바탕으로 제작한 비올라 오르가니스타는 제대로 소리를 냈습니다.

한줄요약
레오나르도는 새로운 악기를 발명하기도 했습니다.

악기 만들기

준비물 굵기가 서로 다른 고무줄 여러 개, 뚜껑이 있는 작은 종이 상자, 가위, 볼펜

실험 방법
① 상자의 뚜껑을 벗긴 다음 고무줄들을 상자에 끼우세요.
② 각각의 고무줄을 튕기며 고무줄마다 나는 소리를 들어 보세요.
③ 상자 뚜껑에 고무줄이 들어갈 만큼 큰 구멍을 뚫으세요.
④ 상자 뚜껑을 닫으세요.
→ 볼펜을 고무줄 아래로 넣어 위로 올리며 기타처럼 튕기세요. 소리가 다르게 들리나요?

레오나르도는
재능 넘치는 음악가였으며,
악기를 발명하기도 했다.

하프시코드 비올라는
걸으면서 연주할 수 있는
건반 악기다.

기계를 밀면
회전하는 바퀴가
막대들을 움직여
북을 쳤다.

말머리 모양의 리라를
선물로 받은 밀라노 공작은
감동했다.

레오나르도는
바이올린처럼 생긴
리라다 브라초를
연주할 줄 알았다.

해부학자

르네상스 시대의 사람들은 몸속에서 무슨 일이 일어나는지 제대로 알지 못했습니다. 하지만 호기심이 넘쳐 흐르던 레오나르도는 우리 몸 속이 어떻게 생겼는지 시체를 해부해 보고, 그림으로 자세히 그렸습니다. 레오나르도는 몸이 어떻게 움직이는지를 생각하여 기록으로 남기기도 했습니다.
레오나르도는 그 당시 어떤 사람보다 우리 몸 속에 관해 많은 것을 제대로 알아냈습니다!

해부학자
읽기 전에 알아두기

관절 두 개의 뼈가 만나는 곳. 구부리고 비틀고 늘리고 돌릴 수 있다.

근육 몸속에 있는 탄력적인 조직. 몸에 혈액을 보내는 것부터 무거운 물체를 들어 올리는 것까지 몸의 기능을 대부분 조절한다.

동공 눈동자 가운데 있는 공간으로, 색이 있는 홍채로 둘러싸여 있다. 눈에 들어오는 빛의 양을 조절한다.

르네상스 유럽 역사에서 14세기부터 16세기까지의 시대. 예술, 문학, 교육, 탐구, 사상이 폭발적으로 성장했다.

부검 사람이 죽은 뒤 몸속을 자세히 조사하는 것. 부검은 죽은 이유를 밝히거나 병의 원인을 조사하거나 인체의 활동에 관해 연구하려는 목적으로 한다.

비율 기준량에 대해 비교하는 양의 크기. 예를 들어 팔 길이를 키에 비교하면 키에서 팔이 차지하는 비율이 나온다.

수정체 눈동자의 색을 내는 홍채 뒤편에 있는 눈의 한 부분. 빛을 굴절시켜 눈 뒤에 선명한 이미지가 맺힐 수 있도록 한다.

장기 심장, 간처럼 중요 기능을 담당하는 인체 기관.

캐리커처 우스꽝스럽거나 놀라운 효과를 내기 위해 여러 특징을 과장해서 그린 그림.

해부학 사람, 동물, 식물 등 생물의 신체 내부 구조에 관해 연구하는 과학의 한 분야.

혈관 우리 몸 구석구석으로 혈액을 순환시키는 통로.

힘줄 근육의 기초가 되는 희고 질긴 살의 줄. 근육과 뼈를 연결한다.

한눈에 보는 지식
17 완벽한 비율

레오나르도는 사람을 그릴 때 비율에 맞춰 그리는 방법을 배우고 연구했습니다. 팔은 너무 길면 안 되고 머리는 너무 크거나 작지 않게 그려야 한다는 식으로 말이지요. 레오나르도는 수학, 과학, 예술에 바탕을 둔 르네상스 시대의 '비율'을 도제 시절에 배웠습니다.

고대 로마의 작가인 마르쿠스 비트루비우스는 건축에 관한 책을 쓰면서 인체의 이상적인 비율에 대한 기록을 남겼습니다. 레오나르도는 이 기록을 바탕으로 '비트루비우스적 인간'이라 부르는 인체 비율 그림을 그렸습니다. 팔다리를 쭉 뻗은 사람이, 정사각형과 원 안에 어떻게 들어가야 꼭 들어맞는지를 보여 줍니다.

재미있게도 예술가들은 일부러 비율을 틀리게 그리곤 했습니다. 레오나르도도 그렇습니다. 레오나르도는 〈담비를 안고 있는 여인〉을 그릴 때 여성의 손을 지나치게 크게 그렸습니다. 하지만 레오나르도가 일부러 손을 크게 그린 것인지, 실수한 것인지는 아무도 모릅니다.

한줄요약
레오나르도는 인체의 이상적 비율을 나타내려고 했습니다.

비트루비스적 인간처럼 몸 재 보기

준비물 분필, 끈, 곧고 긴 나무 조각, 도와줄 친구

실험 방법
① 평평한 바닥에 누운 다음, 다리를 쭉 뻗고 팔을 옆으로 벌리세요.
② 친구에게 분필로 여러분의 몸을 따라 그려 달라고 부탁하세요.
③ 일어나서 몸 모양 주변에 사각형을 그리세요.
④ 분필을 끈 한쪽에 묶은 뒤, 배꼽이 있을 자리에 끈의 나머지 한쪽 끝을 고정하고, 분필로 원을 그리세요.
⑤ 다시 몸 그림 위에 누워 팔다리를 별 모양으로 벌리고는 몸 끝이 바닥에 그린 원에 닿도록 하세요. 친구에게 부탁해 여러분의 몸을 따라 다시 한 번 분필로 그림을 그리세요.
⟶ 여러분의 몸과 비트루비우스적 인간을 비교해 보세요.

레오나르도는 고대 로마의 작가인
마르쿠스 비트루비우스가 정한 비율에
자신의 경험과 실험을 바탕으로
인체를 그렸다.

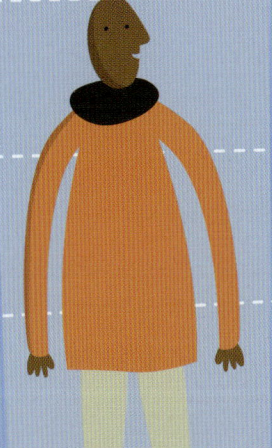

팔꿈치부터 가운뎃손가락 끝까지 길이는 키의 4분의 1이다.

손의 길이는 키의 10분의 1이다.

귀는 눈썹 높이에서 시작해 코끝에서 끝난다.

양쪽으로 쭉 뻗은 팔 길이는 키와 같다.

한눈에 보는 지식
18 얼굴 그리기

레오나르도는 사람의 머리와 얼굴 표정에도 큰 관심이 있었습니다. 그는 제자들에게 외출할 때 노트를 들고 다니며 인체의 움직임과 사람의 얼굴과 표정을 관찰하여 그리라고 했습니다. 레오나르도가 늘 하던 일이기도 했지요. 그의 노트는 사람, 특히 사람의 머리와 얼굴을 그린 스케치로 가득 차 있습니다.

레오나르도의 노트에 있는 얼굴 그림 가운데 일부는 다른 그림을 그릴 때 참고하기 위한 얼굴 스케치입니다. 또 다른 얼굴 그림들은 레오나르도가 눈여겨봤던 사람들을 그린 것과 얼굴이나 표정의 특징을 과장되게 표현한 캐리커처도 있습니다. 캐리커처 중에는 질병으로 고통 받는 사람들을 그린 것도 있습니다. 의사들은 레오나르도가 그린 캐리커쳐를 통해 그림의 인물들이 앓고 있는 질병을 알 수 있다고 주장합니다.

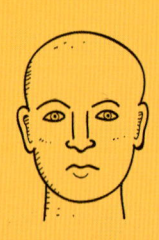

레오나르도는 그림을 그리기 위해 사람들의 얼굴뿐만 아니라 몸짓까지 연구했습니다. 예를 들어 〈최후의 만찬〉 속 유다의 얼굴은 그림을 의뢰한 수도원 부원장의 얼굴이라 합니다. 레오나르도는 자신이 직접 만난 사람들 가운데 예수와 제자들의 성격에 어울리는 사람을 관찰하고 연구한 뒤에 그린 것입니다.

캐리커처 그리기

친구나 자신의 모습을 빠르게 캐리커처로 그려 봅니다.

그리는 방법

① 얼굴의 특징을 관찰한 후 다음에 눈이 크다면 눈을 더 크게, 코가 작다면 코를 더 작게 표현해 보세요.

② 머리 모양도 관찰해 보세요. 그런 다음 그것도 과장할 방법이 없을까 생각해 보세요.

⋯▸ 캐리커처를 잘 그리려면 너무 심하게 과장하지 않아야 합니다. 너무 과장하면 실제 모습과 완전히 달라 보인답니다.

한줄 요약
레오나르도는 자신의 노트에 수많은 얼굴 스케치를 남겼습니다.

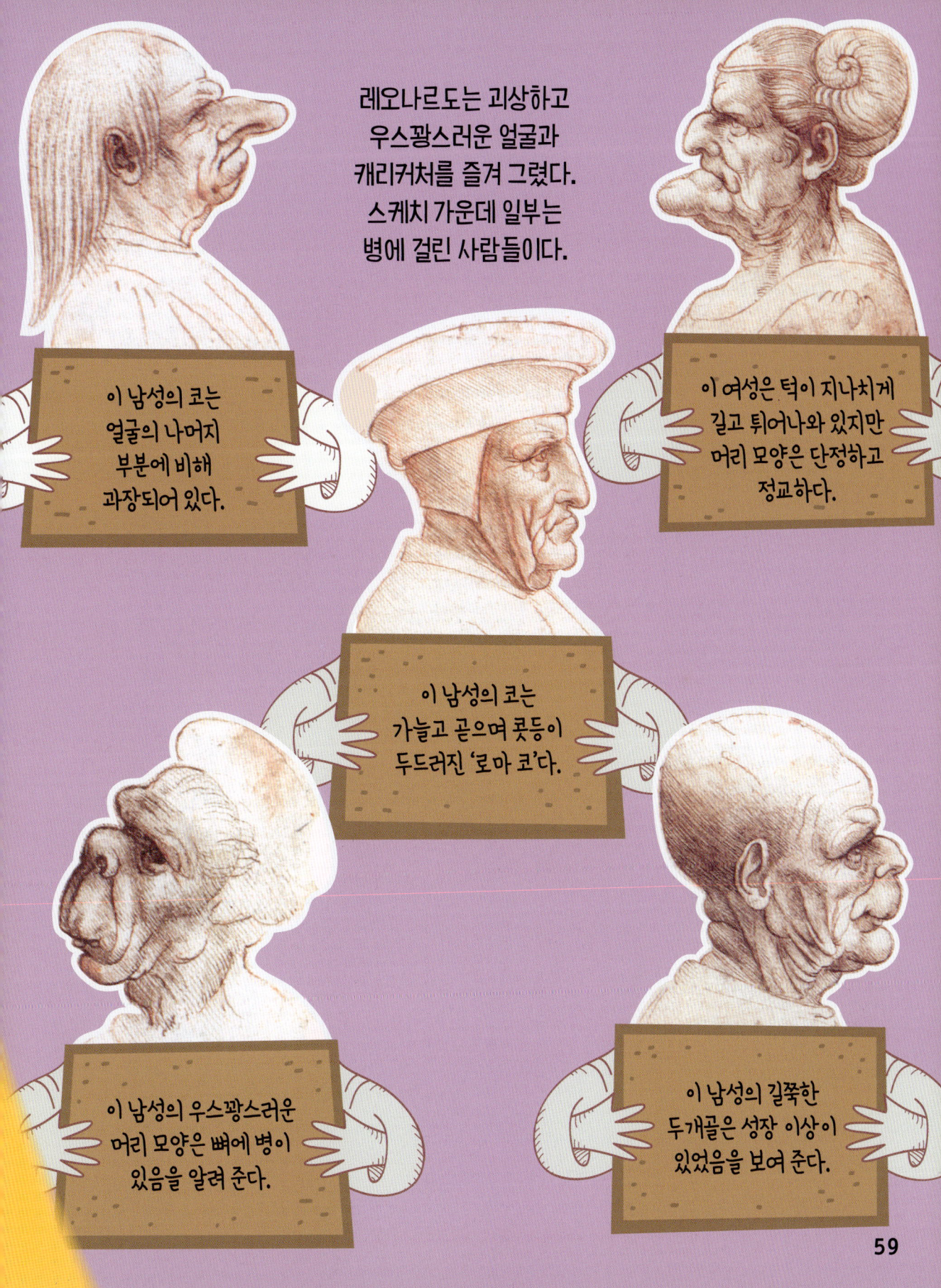

한눈에 보는 지식
19 정확한 해부도

레오나르도의 그림 속 인물들은 마치 살아 있는 사람처럼 보입니다. 그 이유 중 하나는 레오나르도가 인체의 구조를 이해하고 그렸기 때문입니다. 레오나르도는 지치지 않는 호기심과 과학에 대한 애정을 바탕으로 인체의 각 부분이 어떻게 움직이는지 알아냈습니다. 겉으로 드러난 것뿐 아니라 그 안에서 어떤 일이 일어나는지까지도요.

물론 레오나르도가 살던 르네상스 때는 엑스레이와 같은 장비가 없었습니다. 피부 아래에서 일어나는 일을 알기 위해서는 해부를 해 보는 수밖에 없었지요. 당시에 개인에게는 금지된 일이었고, 병원과 의과대학에서만 죽음의 원인을 알아내기 위해 부검을 할 수 있었습니다. 하지만 레오나르도는 부검을 지켜보았고, 심지어 직접 부검을 하기도 했습니다.

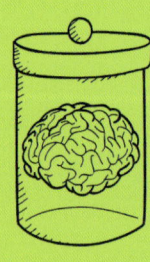

레오나르도는 부검을 하면서 본 것을 모두 스케치했습니다. 어쩌면 연구 결과를 발표할 계획이었을 수도 있지만 책으로 내지는 못했습니다. 하지만 그의 스케치를 보면 그가 힘줄과 혈관이 어떻게 작용하는지, 몸속의 관절, 장기, 근육이 어떤 역할을 하는지 제대로 이해했다는 사실을 알 수 있습니다. 그는 이 분야에서도 시대를 앞서 있었습니다.

누구를 부검했을까?

레오나르도는 평생 30구 이상의 시체를 부검했다고 주장했습니다. 어떤 사람의 시신을 부검했을까요? 대부분의 시신은 질병으로 죽은 가난한 사람이나 처형된 범죄자의 시신이었고, 거의 남성이었습니다. 레오나르도는 여성도 연구했지만, 여성의 시신을 부검할 기회가 매우 적었기 때문에 여성에 대한 연구 결과가 아주 정확하다고 할 수는 없습니다.

한줄요약
레오나르도는 부검에 참여하여 정확한 해부도를 남겼습니다.

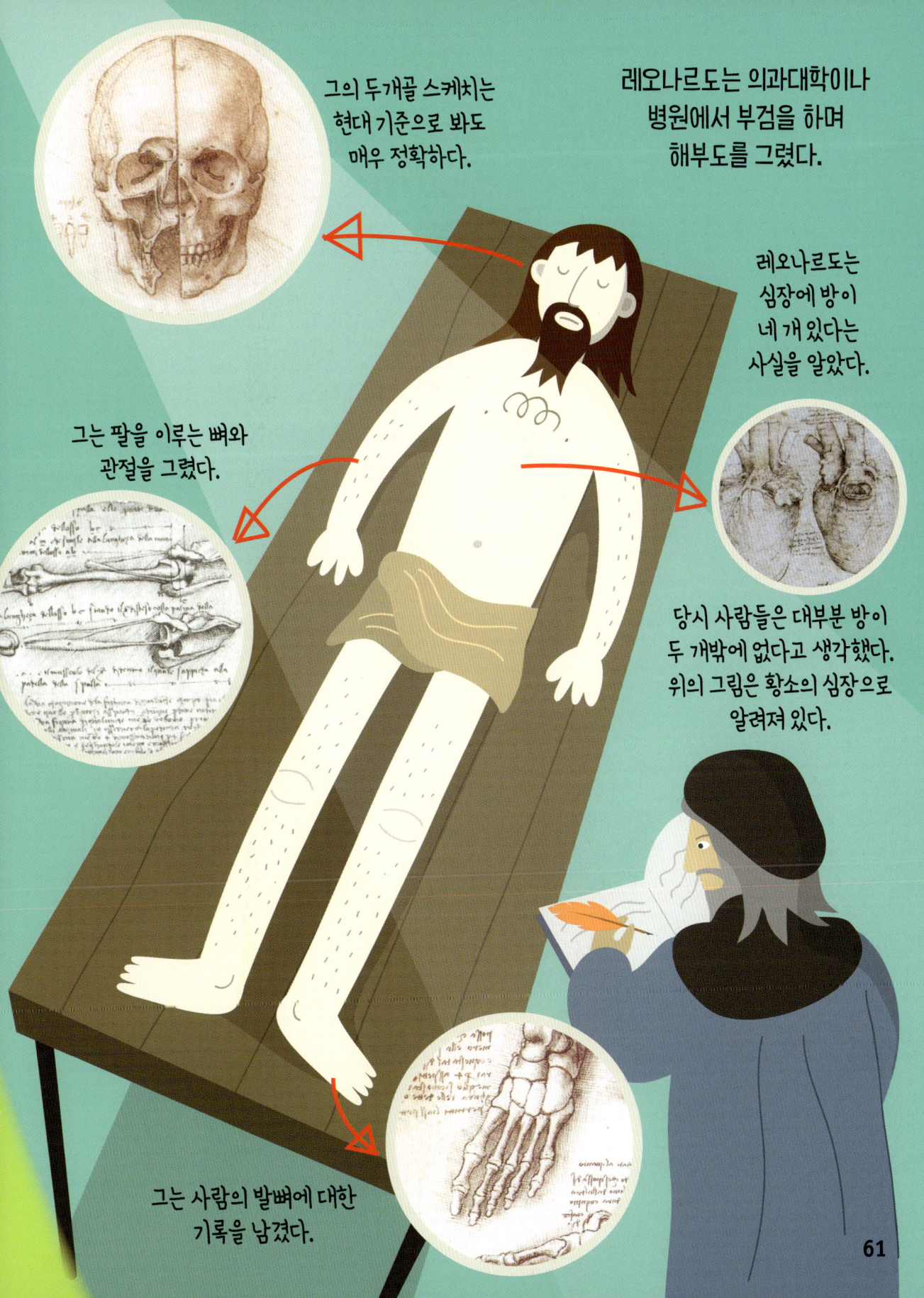

한눈에 보는 지식
20 눈이 작동하는 법

레오나르도는 "눈은 온 세상의 아름다움을 모두 담는다"라는 글을 남겼습니다. 그만큼 시각을 중요하게 생각했지요. 그래서 그는 눈으로 세상을 어떻게 볼 수 있는지, 눈 속에서 어떤 일이 일어나는지를 밝혀내는 일에 매달렸습니다.

레오나르도는 시체를 부검하면서 눈도 함께 해부하고 관찰했습니다. 그리고 눈에 대해서 이미 알려진 사실과 기록을 바탕으로 몇 가지 새로운 사실을 밝혀냈습니다. 하지만 레오나르도라고 해서 모든 것을 알 수는 없었습니다. 레오나르도는 동공 바로 뒤에 붙어 있는 수정체가 타원형이 아니라 원형이라고 생각했습니다. 그 당시의 해부 기술로는 눈의 세부 구조를 정확하게 알아내기가 어려웠기 때문입니다.

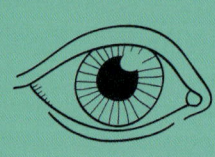

레오나르도는 우리가 본 이미지가 동공을 통과할 때 바늘구멍 사진기처럼 상하좌우로 뒤집힌다는 사실도 알아차렸습니다. 하지만 그는 뇌로 이미지가 전달되기 전에 눈이 이미지를 다시 뒤집는다고 생각했습니다. 눈이 아니라 뇌가 이미지를 바른 방향으로 바꾼다는 사실은 그 후 수십 년 뒤에 밝혀졌습니다.

바늘구멍 사진기

준비물 신발 상자, 가위, 송곳이나 드라이버, 얇은 기름종이, 도와줄 어른

실험 방법
① 상자의 한쪽 끝에 크고 네모난 구멍을 뚫고 그 부분에 기름종이를 붙이세요.
② 반대쪽 끝에 작고 둥근 구멍을 내세요.
③ 구멍을 물체 쪽에 갖다 대면 상하좌우가 뒤집힌 상이 기름종이에 나타납니다.
④ 상을 좀 더 선명하게 보려면 머리에 검은 천을 뒤집어쓰세요.
⋯▶ 상자 안쪽을 검은색으로 칠하면 물체의 상이 더 뚜렷하게 보입니다.

한줄요약
레오나르도는 사람의 눈에 관한 많은 사실을 알아냈습니다.

그는 눈이 이미지를 받아들일 때 이미지의 상하좌우가 뒤집힌다는 사실을 알았다.

사람의 시각에 대한 레오나르도의 이론은 반만 맞았다.

하지만 이미지가 눈이나 머릿속 다른 구멍에서 다시 뒤집혀서…

… 원래 이미지 상태로 바로잡혀 뇌로 전달된다고 생각했다.

지금은 그렇지 않다고 밝혀졌다.

  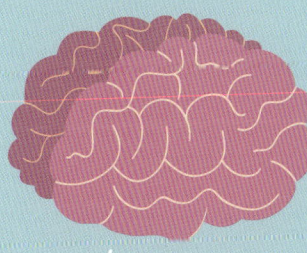 

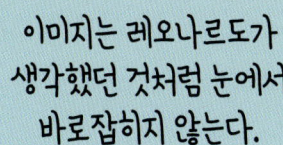

이미지는 레오나르도가 생각했던 것처럼 눈에서 바로잡히지 않는다.

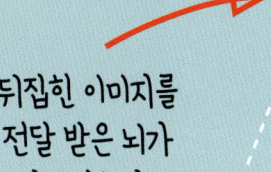

뒤집힌 이미지를 전달 받은 뇌가 바로잡는다.

과학자와 수학자

과학과 수학에 뛰어났던 레오나르도는 식물 잎의 성장, 초승달의 어두운 부분이 희미하게 빛나는 현상인 지구 반사광 등 자연 현상이 어떻게 일어나는지를 탐구했습니다. 그는 그림에 사람이나 건물을 그릴 때도 수학 개념을 사용했습니다.

레오나르도는 과학적으로 세상을 바라보면서 세상의 기원에 의문을 품었습니다. 당시 사람들이 생각하는 것보다 훨씬 더 오래전에 세상이 생겼다고 생각한 것입니다.

과학자와 수학자
읽기 전에 알아두기

기하학 점, 선, 도형, 공간 등을 다루는 수학의 한 분야.

망원경 렌즈를 이용해 아주 멀리 떨어져 있는 행성이나 별과 같은 물체를 보는 장비.

사면체 4개의 평면으로 둘러싸인 입체. 각각이 평면은 모두 삼각형이다.

삼차원 사람들이 생활하고 있는 공간은 가로, 세로, 높이의 세 방향으로 이루어져 있다. 삼차원이란 공간을 가로, 세로, 높이 세 개의 숫자로 나타낼 수 있다는 말이다.

색조 색깔이 강하거나 약한 정도나 상태. 또는 짙거나 옅은 정도나 상태.

원근법 사람의 눈에 보이는 삼차원의 물체나 공간을 종이와 같은 평면 위에 거리감과 깊이감을 주어 입체적으로 표현하는 방법.

중간색 자연스럽고 부드러운 색. 밝은 순색에 흰색이나 회색을 섞으면 중간색으로 변한다.

지구 반사광 지구에서 반사된 태양빛이 초승달의 어두운 부분에 다시 반사되어 희미하게 빛나는 현상.

지질학 지구가 어떻게 만들어졌는지, 무엇으로 이루어져 있는지, 시간이 지나면서 어떻게 변했는지를 연구하는 학문.

태양계 태양과 그 주변을 돌고 있는 행성과 달을 비롯한 모든 천체를 아울러 이르는 말.

퇴적암 모래, 돌조각, 진흙과 같은 작은 입자들이 호수 바닥에 쌓이며 만들어진 암석.

투명 반대편이 그대로 비춰 보이는 상태. 예를 들어 유리는 투명하다.

프랙털 작은 일부의 모양이 전체 모양과 닮은 도형이나 형태.

화석 오래 전에 살았던 동식물이 암석에 남아 있는 것.

한눈에 보는 지식
21 우주론

르네상스 시대, 대부분의 사람들은 우주의 중심이 지구이고, 모든 천체는 지구의 둘레를 돈다고 생각했습니다. 당시에 밤하늘을 제대로 연구할 도구가 없었기 때문입니다. 하지만 이런 상황에서도 레오나르도는 지구가 태양의 주위를 돈다고 믿었습니다.

그때까지 밤하늘의 달은 스스로 빛을 낸다고 알려져 있었습니다. 하지만 레오나르도는 달이 태양의 빛을 반사한다고 확신했습니다. 물론 레오나르도의 생각이 모두 옳은 것은 아니었습니다. 그는 공기가 없는 달의 표면이 물로 덮여 있어서 태양 빛이 반사된다고 믿었거든요.

레오나르도는 태양이 얼마나 뜨거운지 알아내려고 용광로에 녹아 가장 뜨거울 때의 청동색과 태양의 색을 비교하기도 했습니다. 그때까지 사람들은 태양이 타오르는 불처럼 노란색이 아니기 때문에 그리 뜨겁지 않다고 믿었습니다. 또한 그는 태양이 엄청난 열과 에너지를 생성할 거라고 추측했습니다.

어떤 사람들은 레오나르도가 세계 최초의 망원경 설계도를 노트에 남겼다고 생각합니다. 그가 실제로 망원경을 만들었다면 얼마나 더 많은 발견을 해냈을지 상상해 보세요!

한줄 요약
레오나르도는 우주의 수수께끼를 몇 가지 풀었습니다.

퀴즈

레오나르도에 대한 설명 중에서 맞으면 ○표, 틀리면 ×표 하세요.
① 그는 달에 공기가 있다고 생각했습니다. (　)
② 그는 달이 스스로 빛나지 않는다는 걸 알았습니다. (　)
③ 그는 지구가 태양 주위를 돈다고 믿었습니다. (　)
④ 그는 별을 연구하기 위해 망원경을 발명했습니다. (　)
⑤ 그는 자신의 노트에 달 그림을 그렸습니다. (　)

정답은 95쪽에 있습니다.

레오나르도는
남다른 관찰을 통해
달이 스스로 빛을 내는지에 관한
수수께끼를 풀었다.

초승달의 어두운 부분이
가끔 희미하게 빛나는 것을
관찰했다.

지구에서 반사된
태양 빛이 달의
어두운 부분에
반사되는 현상을
지구 반사광이라고
한다.

지구 반사광은
두 번 반사된다.
한 번은 지구의
표면에서 반사되고
또 한 번은 달의
표면에서 반사된다.

한눈에 보는 지식
22 빛의 명암

레오나르도는 물체 표면에서 반사되는 빛이 어떻게 색에 영향을 미치는지에 관심이 많았습니다. 그래서 그는 빛의 세기와 방향, 그리고 그에 따라 나타나는 그림자를 관찰했고, 이를 그림에 반영했습니다.

레오나르도는 빛을 관찰하여 빛에 따라 색이 다르게 보인다는 것을 알아냈습니다. 밝은 빛을 받은 물체는 색이 선명해 보이지만, 빛이 강하지 않으면 중간색으로 보입니다. 또한 레오나르도는 빨간색처럼 선명하고 진한 색은 밝은 빛을 받으면 주변에 있는 물체에 자신의 색을 반사한다는 사실을 알아냈습니다. 그는 이런 빛의 효과를 그림에 표현했습니다.

레오나르도는 빛뿐만 아니라 그림자도 관찰하여 빛의 세기와 방향에 따라 사물의 그림자의 색이 달라 보인다는 것도 알아냈습니다. 그는 그 결과를 노트에 잔뜩 그려 놓았습니다. 레오나르도는 이 지식을 활용해 빛을 받는 물체가 어디 있는지에 따라 그림자의 음영을 다르게 표현했습니다.

사라진 동전

준비물 동전, 유리컵

실험 방법

① 유리컵 바닥에 동전을 두세요.
② 컵에 물을 부으면서 유리컵 옆을 통해 동전을 바라보세요.
③ 동전이 곧 사라질 것입니다!

⋯ 빛이 공기에서 컵 유리, 물을 거치며 꺾이기 때문에 일어나는 현상입니다. 컵 위에서 아래로 내려다보면 동전이 원래 자리에 그대로 있다는 사실을 알 수 있습니다.

한줄요약
레오나르도는 빛이 물체에 미치는 영향을 연구하여 그림을 그렸습니다.

레오나르도는 빛과 그림자를 이용해
자신의 그림을 매우 사실적으로 표현했다.

그는 빛의 세기가
자신이 사용한 색에
영향을 미친다는
사실을 알았다.

그는 물체가 받는 빛의 양에
따라 같은 색이라도
다양하게 표현했다.

눈과 입가에 번진
그림자 덕분에
얼굴이 더
생생해졌다.

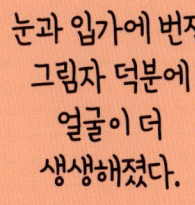

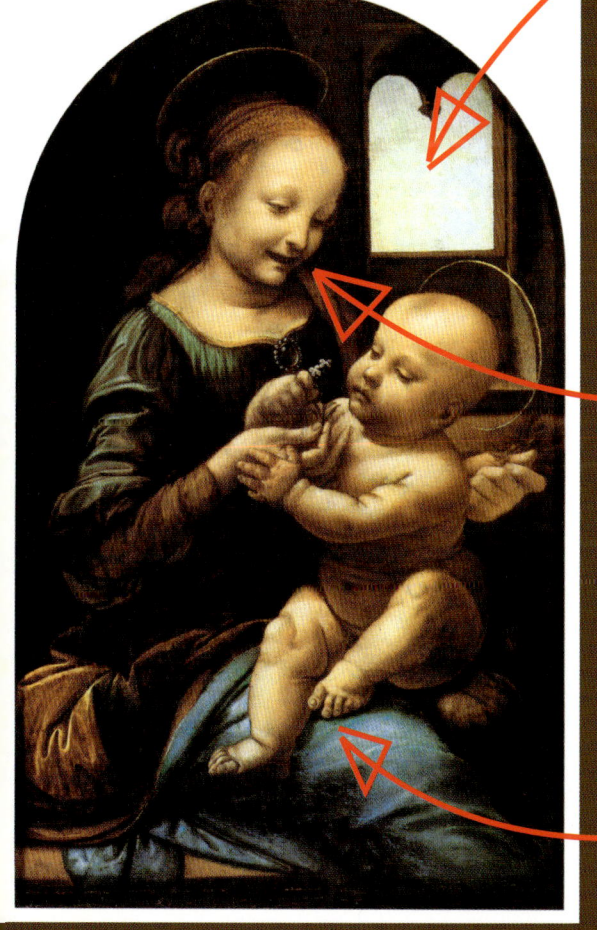

레오나르도는
그림이
완성될 때쯤,
주변보다
더 밝은
강조 색을
덧칠했다.

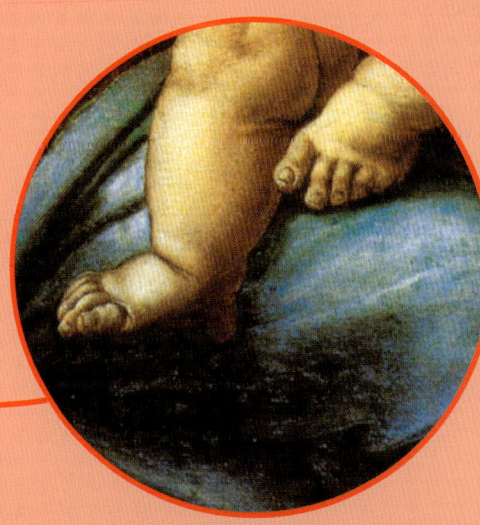

71

한눈에 보는 지식
23 지질 연구

레오나르도가 오랫동안 살았던 밀라노는 알프스 산지와 가까운 곳이었습니다. 그는 주변 산지를 걸으면서 많은 시간을 보냈습니다. 암석층을 연구하고 주변의 풍경을 스케치했습니다.

많은 화가들이 〈최후의 만찬〉이나 〈암굴의 성모〉 같은 종교화를 그릴 때 예수와 성모가 살았던 성지(지금의 이스라엘)를 배경으로 그렸습니다. 그런데 레오나르도는 이 그림들을 그릴 때 이스라엘의 언덕이나 식물을 그리는 대신 밀라노와 피렌체의 주변을 다니며 그린 스케치를 바탕으로 한 새로운 풍경을 그려 넣었습니다.

레오나르도는 또한 수세기에 걸쳐 풍경이 어떻게 형성되어 왔는지에 대해서도 관심이 많았습니다. 시간이 흐르면서 지표면이 깎여 나가는 과정과 흐르는 물이 단단한 암석을 뚫고 수로를 내는 과정을 연구했습니다.

레오나르도는 자신의 연구를 바탕으로 사람들이 생각하는 것보다 세상이 훨씬 더 오래전에 만들어졌다고 믿게 되었습니다. 결국 그가 옳았습니다.

레오나르도의 지질학 지식

레오나르도가 관찰했던 암석은 지질학자들이 퇴적암이라고 부르는 종류입니다. 퇴적암은 오랜 시간에 걸려 강이나 바다에 퇴적물이 차곡차곡 쌓여 그 무게에 눌려 굳으면서 만들어진 암석입니다.
레오나르도는 여러 층의 암석층이 각각 다른 시대를 나타내고, 아래에 있는 층일수록 오래되었다는 사실을 알아냈습니다. 오늘날의 지질학자들이 밝혀낸 사실과 같습니다.

한줄요약
레오나르도는 지질학 지식을 이용해 풍경을 더욱 사실적으로 표현했습니다.

레오나르도는 주변 풍경을 탐사하고 연구해서
알아낸 지식을 자신의 그림에 반영했다.

그는 산꼭대기에서 바다 생물의 화석이
발견되는 이유가 궁금했다.

레오나르도는
오랜 시간에 걸쳐 풍경이 변하는
과정에 관해 생각했다.

그는 물의 속도와 흐름에
관한 연구도 했다.

한눈에 보는 지식
24 식물의 형태

레오나르도는 식물을 연구하고 스케치를 하는 데 많은 시간을 썼습니다. 그가 그림에 그린 식물들의 묘사는 매우 정확해서 지금도 어떤 종류의 나무인지 바로 알아볼 수 있습니다. 레오나르도는 그림을 생생하게 그리기 위해서 식물을 연구했지만, 그의 식물 연구는 과학적이기도 했습니다.

레오나르도는 실제처럼 보이는 생생한 그림을 그리기 위해 자신이 관찰해서 얻은 연구 결과를 활용했습니다. 그는 빛이 반사되는 양과 잎들이 떨어져 있는 거리에 따라 달라지는 색을 그림에 표현했습니다. 또한 잎이 멀리 떨어져 있을수록 잎들을 서로 비슷하게 표현했습니다.

또한 레오나르도는 나무줄기의 두께가 그 줄기에서 자라나는 모든 가지의 두께를 합한 것과 같다고 믿었습니다. 과학자들이 레오나르도의 주장을 실험한 결과, 실제로 모든 나무가 그렇지는 않다는 것을 밝혔습니다. 하지만 나무줄기의 두께와 그 줄기에서 자라는 모든 가지의 두께의 합이 같은 나무가 그렇지 않은 나무보다 강한 바람을 더 잘 견뎌 낸다는 사실을 알아냈습니다.

한줄 요약
레오나르도는 예술가인 동시에 과학자로서 식물을 연구했습니다.

식물 관찰
다른 종류의 식물 잎을 4장을 따서 그 모양을 그리거나 잎사귀 위에 얇은 종이를 올려 놓고 연필로 문지르세요. 레오나르도가 했던 것처럼 잎을 자세히 살펴보세요. 어떤 무늬가 보이나요? 꽃잎이나 잎이 자라는 형태에서 대칭선이나 나선형을 찾을 수 있나요?

레오나르도는 식물을 과학적으로 연구했고,
식물이 수학적 규칙에 따라 자란다고 믿었다.

나무줄기의 두께가
그 줄기에서 자라나는
모든 가지의 두께를 합한
것과 같은 나무일수록
바람에 더 잘 견딘다.

레오나르도는 잎과 꽃잎이
같은 수학적 규칙에 따라 나선형으로
자란다는 사실을 알았다.

75

한눈에 보는 지식
25 기하학 패턴

여러분은 수학과 예술이 정반대의 학문이라고 생각할지 모릅니다. 그러나 레오나르도는 그렇게 생각하지 않았습니다. 레오나르도는 40대 초반에 수학, 특히 원근법이나 기하학과 같은 분야에 완전히 빠져 있었습니다. 그는 수학을 이해하는 과정을 즐겼고, 자신의 지식을 그림에도 반영했습니다. 예를 들어 〈모나리자〉의 얼굴을 그릴 때 삼각형과 평행선의 배열을 기초로 해서 그렸습니다.

어떤 사람들은 레오나르도의 노트에 프랙털의 개념이 나타난 연구가 있다고 주장합니다. 프랙털은 자신의 작은 부분에 자신과 닮은 모습이 나타나고 그 안의 작은 부분에도 자신과 닮은 모습이 무한히 반복되어 나타나는 현상입니다. 레오나르도가 투명하고 삼차원적인 입방체가 퍼져나가는 형태를 비롯해 프랙털과 비슷한 도형들을 스케치했습니다.

레오나르도는 다양한 패턴을 만들 수 있는 매듭에도 흥미가 있었습니다. 레오나르도는 다양한 매듭 스케치를 남겼고, 색을 칠한 매듭 그림을 밀라노 공작에게 바치기까지 했습니다. 간단한 작업은 아니었습니다. 서로 얽힌 나뭇가지와 묶인 밧줄을 그린 이 그림은 천장 전체를 덮었으니까요. 매듭 그림은 수학과 자연이 결합된, 레오나르도 그 자체였습니다.

착시 현상

여러분의 눈은 여러분을 속이기도 합니다. 레오나르도는 착시 현상을 놀이로 즐겼습니다. 여러분도 직접 해 보세요. 같은 길이의 두 선을 위, 아래로 나란히 그립니다. 한 선의 끝에는 바깥쪽을 가리키는 화살표 모양을 그리고, 다른 한 선의 끝에는 안쪽을 가리키는 화살표를 그리세요. 첫 번째 화살표가 두 번째 화살표보다 긴 것처럼 보일 것입니다.

한줄요약
레오나르도는 수학 연구에 푹 빠져서 그림에도 반영했습니다.

레오나르도는 자신의 설계도와 그림에
수학과 기하학을 활용했다.

지금은 위상수학으로 알려진
이 형태는 수학 분야와 매듭에 대한
레오나르도의 관심을 보여 준다.

기하학에 대한
깊은 이해 덕분에
복잡한 삼차원 도형을
그릴 수 있었다.

그는 사람의 얼굴과 몸을
그릴 때 도형을 이용했다.

77

시대를 앞선 생각들

레오나르도는 세상을 풀어야 할 퍼즐로 보았습니다. 르네상스 시기, 도시는 비좁고 붐비는 데다 감염병이 퍼져 있었습니다. 그래서 레오나르도는 넓고 바람이 잘 통하는 마을을 설계했습니다. 도시 안에 운하를 만들어 물건과 쓰레기를 운반하고, 넓은 광장과 2층 도로를 만드는 구상을 하였습니다. 포탄에도 끄떡없는 요새와 대성당이 포함된 이상적인 계획도시를 설계했습니다.

시대를 앞선 생각들
읽기 전에 알아두기

균형추 균형을 잡기 위한 추.

대칭 물체의 반쪽이 다른 반쪽의 거울상을 이루는 상태.

도르래 홈을 판 바퀴와 밧줄을 연결해 무거운 짐을 들어 올리거나 옮기거나 짐의 무게를 줄이는 간단한 장치.

등고선 지도에서 높이가 같은 지점을 표시하기 위해 연결한 가상의 선. 지도에서 언덕과 산을 알아볼 때 쓰인다.

르네상스 유럽 역사에서 14세기부터 16세기까지의 시대. 예술, 문학, 교육, 탐구, 사상이 폭발적으로 성장했다.

비계 건물을 짓거나 수리하는 사람들을 보호하고 돕기 위해 건물의 옆면에 세우는 임시 구조물.

사생아 결혼하지 않은 부모 사이에서 태어난 아이.

위생 시설 사람들의 건강과 쾌적한 삶을 뒷받침하는 시설. 사람이 만든 쓰레기와 배설물 등의 오물을 안전하게 처리한다.

유수 강이나 바다에 흐르는 물의 움직임. 많은 양의 강물이 사면을 따라 매우 빠르게 흘러내리는 것을 거센 유수라고 한다.

주행거리계 이동한 거리를 측정하는 장비.

퇴적물 바람, 얼음, 물 등에 의해 다른 장소로 운반된 물질이 쌓인 것. 암석이나 광물을 만든다. 이때 동식물의 잔해가 포함되기도 한다.

한눈에 보는 지식
26 도시와 건물

르네상스 시대, 유럽의 도시들은 복잡했습니다. 좁은 길은 사람과 수레로 막혔고, 거리는 오물이 흘러 넘쳤습니다. 집들도 빽빽하게 들어차 있었지요. 사람들이 좁은 곳에서 모여 살았기 때문에 감염병도 빨리 퍼졌습니다. 레오나르도는 도시를 질서 있고 아름다운 곳으로 만들고 싶었습니다.

레오나르도는 1층에는 상가, 2층에는 살림집이 있는 2층짜리 건물을 설계했습니다. 이런 건물은 레오나르도가 처음 설계한 것은 아닙니다. 약 1000년 전 고대 로마인들이 이런 건물에서 살았으니까요. 하지만 그가 설계한 건물은 우아하고 품위가 넘쳤습니다. 또한 레오나르도는 완벽한 균형과 기하학적인 아름다움을 갖춘 대성당과 적의 포탄을 막을 수 있도록 둥근 탑과 경사진 성벽으로 이루어진 요새를 설계했습니다.

레오나르도는 감염병이 돌지 않는 깨끗한 도시를 건설하려면 위생 시설이 가장 중요하다고 생각했습니다. 물건뿐만 아니라 쓰레기를 멀리 운반하기 위해서는 운하도 필요했지요. 도시에는 넓은 광장과 거리, 2층 도로가 필요하고 생각했습니다. 또 깨끗한 공기가 골목 곳곳으로 퍼질 수 있도록 풍차를 세우려 했습니다.

한줄요약
레오나르도는 아름다운 건물과 계획적인 도시를 설계했습니다.

건설에 관한 생각

레오나르도는 자신이 설계한 건물을 실제로 어떻게 지어야 하는지 열심히 궁리했습니다. 그의 일기에는 계단이나 아치형 통로를 만들 때 필요한 비계의 설계도가 남아 있습니다. 아름다운 건물을 그리기는 쉽지만 실제로 건물을 짓는 일은 매우 어려울 수 있습니다. 레오나르도는 실제 건축물을 지은 적은 없습니다. 하지만 만약 건축을 실제로 했다면 어떤 문제가 생기든지 그 문제를 해결할 방법을 찾아냈을 것입니다.

한눈에 보는 지식
27 다리 세우기

레오나르도는 다리도 세우려고 했습니다. 매우 단순한 것부터 크고 거대한 것까지 여러 구조의 다리 설계도가 남아 있습니다. 레오나르도는 다리를 세우면서 일어나는 여러 문제를 해결하려고 자신의 과학적 지식을 활용했습니다.

레오나르도는 특히 가교를 설계하는 데 뛰어났습니다. 그가 설계한 가교는 조립하기 쉽고 가볍고 운반하기 편리했습니다. 행군 중인 군대가 강을 건너야 할 때 안성맞춤이었지요. 그중 가장 기발한 다리는 홈을 판 통나무 몇 개를 엮어서 만들 수 있었습니다. 이 다리는 아치형으로, 스스로 지탱할 수 있었고, 무거운 물체가 지나갈수록 다리가 더 튼튼해집니다. 정말 천재적이지요!

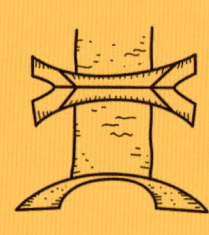

레오나르도는 밀라노 공작을 위해 회전하는 다리를 설계했습니다. 혁신적인 이 다리는 먼저 한쪽 강변에서 다리를 만듭니다. 그런 다음 밧줄, 도르래, 균형추로 이루어진 장치로 다리를 회전시켜 강 건너편으로 다리를 연결합니다. 레오나르도가 설계한 가장 길고 웅장한 다리는 이스탄불의 골든 혼을 가로지르는 240미터짜리 다리였습니다. 하지만 결국 세워지지는 않았습니다.

튼튼한 다리를 찾아라

준비물 빳빳한 마분지 두 장, 두꺼운 책 두 권, 동전 몇 개

실험 방법

① 일정한 거리를 두고 책 두 권을 각각 세운 뒤, 그 위에 마분지 한 장을 걸쳐 다리를 만드세요.

② 마분지 중앙에 동전을 하나씩 올리면서 다리가 무너질 때까지 동전을 올려 놓으세요.

③ 남아 있는 마분지 한 장을 둥글게 휘게 만들어, 먼저 만든 다리 아래에 넣고, 다리가 무너질 때까지 동전을 올려놓으세요.

⋯ 어느 다리가 더 튼튼한가요?

한줄 요약
레오나르도의 다리는 창의적이면서도 실용적이었습니다.

한눈에 보는 지식
28 물속 세상

레오나르도는 물이 어떻게 움직이고, 물을 어떻게 움직일 수 있는지 등에 관심이 많았습니다. 그는 강과 개울을 관찰하는 것을 평생 멈추지 않았습니다. 또한 강의 흐름과 물살을 측정하는 실험을 하면서 흐르는 물이 암석을 뚫고 어떻게 길을 내는지, 퇴적물이 어떻게 쌓이는지 이해했습니다. 레오나르도는 이 지식을 이용해 여러 새로운 기계를 설계했습니다.

레오나르도는 흐르는 물의 힘을 잘 알고 있었으며 이 힘을 이용해 에너지를 만드는 기계를 개발했습니다. 또한 그는 물의 힘을 이용해 물을 탑 위로 옮기거나 지하에서 물을 끌어올릴 수 있는 펌프를 설계했습니다. 또한 잠수함과 잠수복을 디자인했습니다.

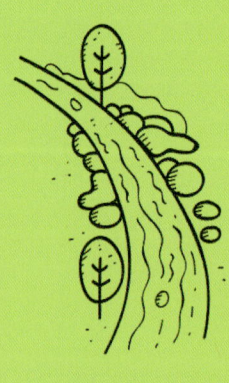

레오나르도는 아르노강과 자신이 설계한 운하를 이용해 내륙 도시인 피렌체를 바다와 연결하는 야심찬 계획을 세우기도 했습니다. 피렌체에서 곧장 바다로 나갈 수 있으면 무역량이 늘어나면서 도시가 부자가 되고 힘도 함께 커지겠지요. 하지만 아르노강의 새로운 수로를 내는 공사는 레오나르도의 계획대로 되지 않아 실패했고, 운하 공사는 시작도 해보지 못했습니다.

한줄요약
레오나르도는 물이 흐르는 힘을 이용해 여러 기계를 만들었습니다.

단단히 잠기는 갑문

우리가 지금도 이용하는 레오나르도의 발명품이 있습니다. 그 가운데 하나가 운하에 설치되어 있는 갑문입니다. 갑문은 수위가 다른 수로를 연결하는 운하에서 배가 안전하게 다니도록 조절하는 장치입니다. 레오나르도는 물의 힘을 이용해 단단히 잠글 수 있는 새로운 갑문을 개발했습니다. 현대에도 이를 개량한 갑문을 쓰고 있습니다.

레오나르도는
물의 힘을 제대로 이용할 수 있는
기계를 설계했다.

물은 아주 무겁다.
레오나르도는 물을 쉽게
퍼올리는 기계를
발명했다.

그는 지하수를 끌어올리는
펌프를 발명했다.

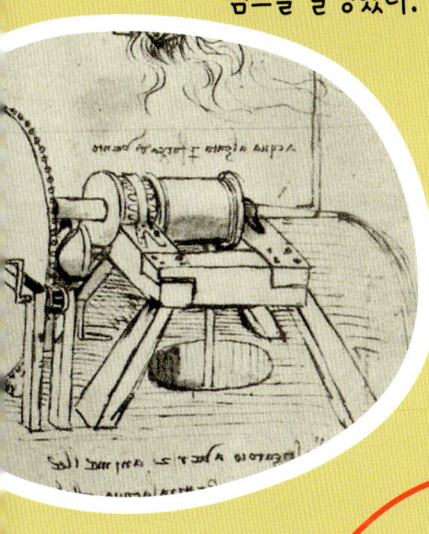

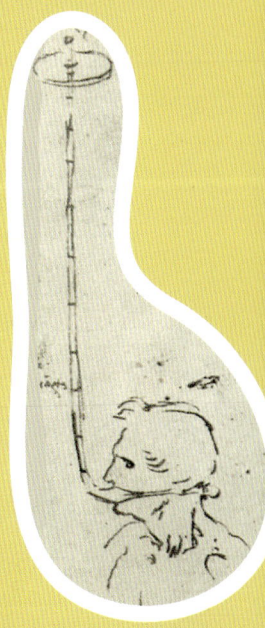

레오나르도는
잠수용 가죽 헬멧을
설계했다.

호흡용 관은 수면에 뜬
장치와 이어진다.

물속에서 숨쉴 수 있는
장치를 디자인했다.

한눈에 보는 지식
29 지도 제작

1500년대 초반, 레오나르도는 지도를 만들기 위해 나섰습니다. 물론 레오나르도가 살던 시대 이전에도 지도는 있었지만, 아주 제멋대로였지요. 당시 지도 제작자들이 제작한 지도는 높은 산에 올라가 눈에 보이는 대로 그린 풍경화에 가까웠습니다. 레오나르도는 아주 정확한 지도를 만들기로 했습니다.

레오나르도에게는 오늘날의 지도 제작자들이 이용하는 장비가 없었습니다. 하지만 튼튼한 다리와 풍경을 세심하게 관찰할 수 있는 능력이 있었습니다. 그는 한 걸음씩 걸어가며 주변을 측정했고, 그 덕분에 놀랍게도 정밀한 지도를 만들 수 있었습니다.

고대 로마인들은 '오도메테르'라는 이름의 기계를 발명했는데, 바퀴를 밀고 가면서 바퀴의 회전 횟수를 기록하여 거리를 계산하는 방식이었습니다. 레오나르도는 고대 로마의 기계를 바탕으로 자신이 발명한 주행거리계를 이용해 지도를 만들었을 수도 있습니다.

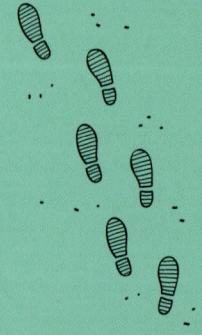

레오나르도는 당시 이탈리아에서 강력한 권력을 휘두르던 체사레 보르자 공작의 의뢰로 도시 국가 이몰라의 지도를 그렸습니다. 정교한 레오나르도의 지도를 본 체사레는 당시 이탈리아에서 지도가 얼마나 중요한지 그 가치를 깨달았습니다. 전쟁이 많았던 때라 이탈리아에서 지도를 통해 정보를 얻고, 이길 수 있는 전술을 짤 수 있었지요.

한줄요약
레오나르도의 지도는 당시의 그 어떤 지도보다 정밀했습니다.

지도 그리기

나만의 지도를 그려 보세요. 예를 들어 여러분의 방이 좋습니다. 어떻게 하면 지도를 색다르게 그릴 수 있을까요? 창문 위치에는 창문의 사진을 오려서 넣을 수 있겠지요. 공작용 점토나 골판지로 삼차원 지도를 만들어 보는 건 어떨까요?

한눈에 보는 지식
30 레오나르도의 유산

레오나르도는 1519년 5월 2일, 프랑스에서 세상을 떠났습니다. 바사리가 쓴 전기에 따르면, 레오나르도가 숨을 거둘 때 프랑스 왕이 그의 머리를 끌어안고 있었다고 합니다. 피렌체 부근의 작은 마을에서 태어나 교육도 제대로 받지 못했던 이탈리아 소년이 위대한 예술가, 과학자, 발명가로서 삶을 마무리했습니다.

레오나르도의 천재성은 이탈리아와 멀리 떨어진 곳의 부유한 후원자들로부터 인정받았습니다. 이들 덕분에 레오나르도는 자신이 관심 있는 분야에 대해 오랫동안 생각하고 새로운 아이디어를 내고 마음껏 능력을 펼칠 수 있었습니다. 레오나르도는 르네상스 시대 사람들에게 새로운 회화 기법을 보여 줬을 뿐만 아니라, 놀라운 발명품을 만들었고, 지도를 그리고, 누구도 본 적 없는 기계를 설계했습니다.

레오나르도의 작품은 얼마 남아 있지 않습니다. 지금도 남아 있는 작품은 거의 판매되지 않고, 〈모나리자〉를 비롯한 몇몇 작품은 값을 매길 수조차 없습니다. 사람들은 그의 노트를 자세히 들여다보고, 그의 발명품들을 그의 설계대로 만들어 보는 노력을 계속하고 있습니다.

레오나르도가 되자!

주변의 세상을 살피고 여러분이 보는 것을 기록하세요. 레오나르도가 그랬던 것처럼 상상력을 발휘하고 구상하고 꿈을 꾸세요. 레오나르도에게 컴퓨터나 태블릿이 있었다면 무엇을 했을지 상상해 보자고요!
여러분 안에 있는 천재성을 깨우고 레오나르도의 정신을 자유롭게 펼쳐 보세요. 세상에는 새로운 레오나르도가 필요합니다. 그게 바로 여러분일 수도 있습니다!

한줄요약
레오나르도는 지금도 여전히 사람들의 호기심을 불러일으키고 있습니다.

레오나르도는 약 500년 전에 죽었지만,
그의 유산은 지금도 남아 있다.

전문가들은 이 그림이 레오나르도가 60살쯤에 그린 자화상이라고 생각한다.

어떤 전문가들은 그림 속 남성이 레오나르도의 아버지, 또는 다른 사람일 것이라고 한다. 누구도 정확히 알지 못한다.

지식 플러스
레오나르도 다 빈치가 남긴 노트

코덱스

레오나르도가 남긴 노트는 7800페이지가 넘는 분량이다. 원래는 낱장으로 이루어졌으나, 후세 사람들이 모아 책으로 묶었다. 과학 관련 내용을 다룬 《코덱스 레스터》와 건축설계 관련 연구 결과를 담은 《코덱스 아틀란티쿠스》를 포함해 여러 권으로 나뉜다. 코덱스(codex)는 '필사본', 다시 말해 인쇄가 아닌 손으로 하나하나 쓴 문서라는 뜻이다. 노트에는 정교하게 그린 각종 기계 설계도와 도시 구성안이 담겨 있다. 특이하게 모든 글씨가 거울에 비춘 듯이 뒤집힌 상태인데, 암호로 남기기 위해서인지 그저 쓰기 편해서인지 그 이유는 아직 확실히 밝혀지지 않았다.

아쉽게도 레오나르도는 많은 발명품과 건물을 그저 설계도로만 남겨 두었기 때문에 지금까지 남은 '실물' 작품은 얼마 되지 않는다. 현재 우리가 보는 실물 발명품들은 레오나르도의 노트를 바탕으로 제작한 복원품들이다.

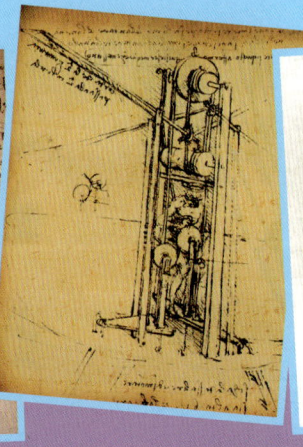
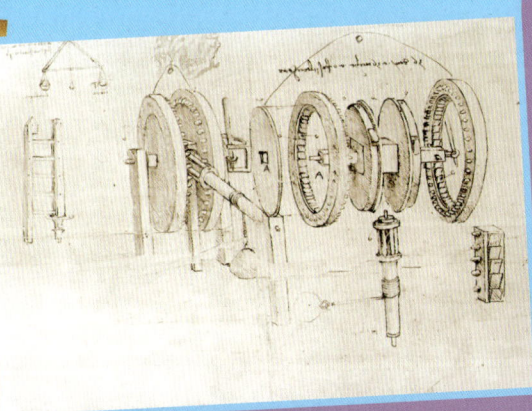

노트에는 설계도뿐만 아니라 정교한 무늬(패턴)나 지도와 같은 작품도 담겼다. 레오나르도는 수학에 바탕을 둔 다양한 무늬를 생각해 내고, 의뢰를 받아 벽화나 천장화로 남겼다. 이 무늬들은 작은 부분의 형태가 전체와 비슷한 '프랙털 도형'과 닮았다.

방대한 해부학 지식으로 표현한 인체와 근육, 뼈, 장기 그림 역시 레오나르도의 천재성을 보여 준다. 원과 사각형에 닿도록 팔다리를 편 '비트루비우스적 인간'은 인체의 황금비율을 나타내는 작품으로 널리 쓰여 왔다. 이 밖에도 주변인을 관찰해 그린 연습용 소묘도 노트 곳곳을 빼곡하게 채우고 있다.

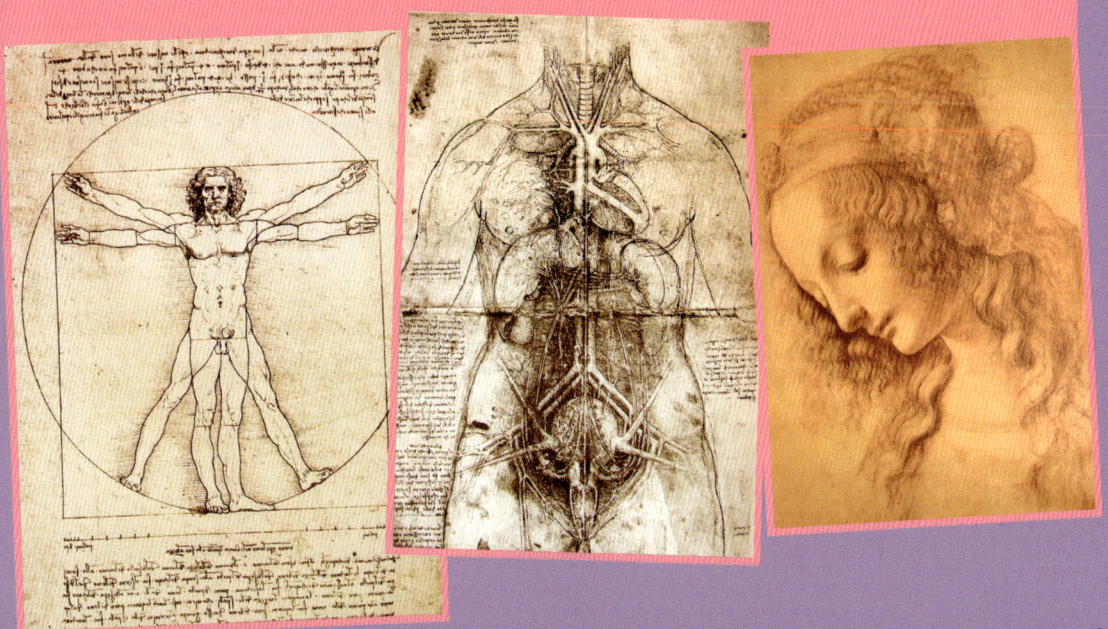

지식 플러스
레오나르도 다 빈치의 발명품

오토마타

레오나르도는 로봇처럼 스스로 움직이는 자동 기계 '오토마타'를 구상했다. 그의 노트에는 정교하게 연결된 기어와 크레인, 톱니바퀴 등을 통해 움직이는 오토마타의 설계도가 남아 있다. 전하는 이야기에 따르면 1495년, 밀라노 궁정에서 스스로 서고 앉고 얼굴을 움직이는 레오나르도의 로봇 기사가 전시됐다고 한다.

헬리콥터

레오나르도는 나선의 힘을 이용한 헬리콥터 설계도를 남겼다. 나선형 날개를 공기 중에서 돌리면 공기가 잡아 주지 못해 날개가 헛도는 것을 보고 나선형을 두 개로 나누고 하나는 거꾸로 돌려 헛돌기를 막은 작품이다. 나선을 계속 돌릴 힘을 찾지 못해 실물까지 만들지는 못했지만, 그가 남긴 설계도는 세계 최초의 헬리콥터로 꼽힌다.

낙하산

레오나르도는 1485년 낙하산을 구상했다. 한 변이 7m인 정삼각형 모양의 천 네 장을 피라미드 모양으로 엮고 안을 나무 뼈대로 받친 구조였다. 현대에 이르러 낙하산을 실제로 만들고 낙하하는 실험이 이어지며 레오나르도의 설계가 실제로 작동한다는 사실이 밝혀졌다.

오니숍터

레오나르도는 새, 박쥐, 곤충 등이 움직임을 연구하고 하늘을 나는 기계를 만드는 데 몰두했다. 그는 새처럼 날개를 흔들며 나는 '오니숍터'를 설계했는데, 날개 밑에 운동 방향을 바꾸는 장치인 크랭크를 달아 사람이 두 손으로 돌리면 날개를 흔들어 하늘을 나는 힘을 만들 수 있도록 했다. 1496년부터 1500년대 초까지 이어진 비행 테스트를 통해 인간이 새처럼 날개를 퍼덕이며 날 수 없다는 결론을 내린 레오나르도는 오니숍터 대신 헬리콥터를 만들기 시작했다.

탱크

레오나르도가 살던 당시 이탈리아는 여러 도시 국가가 영토와 권력을 두고 전쟁을 벌이던 곳이었다. 이런 상황에 맞춰 레오나르도 역시 무기 설계에 온 힘을 기울였다. 그가 설계한 탱크는 거북의 등딱지를 본뜬 몸체 안에 여덟 명의 병사가 들어갈 수 있는 거대한 장치였다.

거대 석궁

레오나르도가 만든 병기 가운데 거대 석궁은 큰 크기로 유명하다. 지름 약 20미터짜리 활 뒤에 역시 수십 미터의 '손잡이'가 달려 있다. 바퀴로 전장까지 운반한 뒤, 한 사람이 붙어야 겨우 발사할 수 있는 장치다. 단, 설계상으로 결함이 있어 실제로는 발사가 어려웠을 것이라 여겨진다.

외륜선(패들 보트)

레오나르도는 잠수복뿐만 아니라 잠수함, 적의 배에 사용하는 수중 공격 장치 등에 관심이 많았다. 그는 수리학과 항해학을 깊이 연구해 중앙의 '엔진'을 이용해 바깥의 노와 바퀴를 돌리는 독창적인 패들 보트를 설계했다. 패들보트 설계도 대부분은 1487~1489년경에 그린 것이다.

갑문

갑문은 서로 수위가 다른 운하 사이를 연결하거나 강의 물이 범람하기 전에 방류할 수 있도록 조절하는 문을 말한다. 레오나르도는 그전까지 쓰이던 위아래로 열리는 갑문이 아닌 양옆으로 열리는 갑문을 처음으로 발명했다. 그가 직접 만든 갑문은 지금도 이탈리아 밀라노에서 쓰이고 있다.

정답

68쪽

① 그는 달에 공기가 있다고 생각했습니다. (×)
② 그는 달이 스스로 빛나지 않는다는 걸 알았습니다. (○)
③ 그는 지구가 태양 주위를 돈다고 믿었습니다. (○)
④ 그는 별을 연구하기 위해 망원경을 발명했습니다. (×)
⑤ 그는 자신의 노트에 달 그림을 그렸습니다. (○)

초등학생을 위한 지식습관 16
레오나르도 다 빈치 30

글 | 폴 해리슨 그림 | 톰 울리
옮김 | 김은영 감수 | 조한욱

1판 1쇄 인쇄 | 2023년 5월 15일
1판 1쇄 발행 | 2023년 5월 29일

펴낸이 | 김영곤
이사 | 은지영
영상사업1팀 | 김종민
아동마케팅영업본부장 | 변유경
아동마케팅1팀 | 김영남 황혜선 이규림 정성은
아동영업팀 | 한충희 강경남 오은희 김규희 황성진
편집 | 꿈틀 이정아 이정화 **북디자인** | design S 손성희 **제작 관리** | 이영민 권경민

펴낸곳 | (주)북이십일 아울북
등록번호 | 제406-2003-061호 **등록일자** | 2000년 5월 6일
주소 | 경기도 파주시 회동길 201(문발동) (우 10881)
전화 | 031-955-2128(기획개발), 031-955-2100(마케팅·영업·독자문의)
팩시밀리 | 031-955-2421
브랜드 사업 문의 | license21@book21.co.kr
이미지 | 셔터스톡 92, 93, 94, 95, 위키미디어 93, 94, 95

ISBN 978-89-509-4497-1 74370
ISBN 978-89-509-0007-6 74370 (세트)

Leonardo Da Vinci in 30 Seconds
Text: Paul Harrison, Illustrations: Tom Woolley
Copyright © 2016 Quarto Publishing plc
First published in the UK in 2016 by Ivy Kids, an Imprint of The Quarto Group
All rights reserved.

Korean translation © 2023, Book21
This edition is published by arrangement with Quarto Publishing plc through KidsMind Agency, Korea.
이 책의 한국어판 저작권은 키즈마인드 에이전시를 통해 Quarto Publishing plc와 독점 계약한 북이십일에 있습니다.
신 저작권법에 의해 한국 내에서 보호를 받는 저작물이므로 무단전재와 복제를 금합니다.

· 잘못 만들어진 책은 **구입하신 서점**에서 교환해 드립니다.

- 제조자명 : (주)북이십일
- 주소 및 전화번호 : 경기도 파주시 회동길 201(문발동) / 031-955-2100
- 제조연월 : 2023. 5. 15.
- 제조국명 : 대한민국
- 사용연령 : 3세 이상 어린이 제품